Anne Hartmann/Silke Klöver

Was hat das Klima mit uns zu tun?

Grundwissen – Klimawandel – Zukunft

Edition MoPäd

Persen Verlag

Die Autorinnen:

Dr. Anne Hartmann – studierte in Münster und Bochum Germanistik und Slawistik. Nach der Promotion arbeitete sie als Deutschlektorin und -dozentin in Lüttich und Namur (Belgien) und ist seit 1988 als wissenschaftliche Mitarbeiterin an der Ruhr-Universität Bochum tätig. Zahlreiche wissenschaftliche Publikationen, Übersetzungen und Anthologien.

Dr. Silke Klöver – studierte in Münster Slawistik, osteuropäische Geschichte und Anglistik. Anschließend arbeitete sie an einer Londoner Schule und in der deutschen Erwachsenenbildung. Von 1990 bis 1996 war sie als Lektorin an Hochschulen in Sibirien und Moskau tätig. Daneben Übersetzungstätigkeit und Erarbeitung von Studienmaterialien für Deutsch als Fremdsprache. Seit 1996 ist sie Projektleiterin in der internationalen Zusammenarbeit.

Gedruckt auf umweltbewusst gefertigtem, chlorfrei gebleichtem und alterungsbeständigem Papier.

4. Auflage 2016
© 2008 Persen Verlag, Hamburg
AAP Lehrerfachverlage GmbH
Alle Rechte vorbehalten.

Das Werk als Ganzes sowie in seinen Teilen unterliegt dem deutschen Urheberrecht. Der Erwerber des Werkes ist berechtigt, das Werk als Ganzes oder in seinen Teilen für den eigenen Gebrauch und den Einsatz im Unterricht zu nutzen. Die Nutzung ist nur für den genannten Zweck gestattet, nicht jedoch für einen weiteren kommerziellen Gebrauch, für die Weiterleitung an Dritte oder für die Veröffentlichung im Internet oder in Intranets. Eine über den genannten Zweck hinausgehende Nutzung bedarf in jedem Fall der vorherigen schriftlichen Zustimmung des Verlages.

Sind Internetadressen in diesem Werk angegeben, wurden diese vom Verlag sorgfältig geprüft. Da wir auf die externen Seiten weder inhaltliche noch gestalterische Einflussmöglichkeiten haben, können wir nicht garantieren, dass die Inhalte zu einem späteren Zeitpunkt noch dieselben sind wie zum Zeitpunkt der Drucklegung. Der Persen Verlag übernimmt deshalb keine Gewähr für die Aktualität und den Inhalt dieser Internetseiten oder solcher, die mit ihnen verlinkt sind, und schließt jegliche Haftung aus.

Grafik: Mele Brink
Satz: MouseDesign Medien AG, Zeven

ISBN 978-3-8344-0343-8

www.persen.de

Inhalt

Vorwort 5

Überblick zu den Aufgabenstellungen 7

Kapitel I: Wie das Klima auf der Erde „gemacht" wird

1. Zur Einführung: In der Klimaküche dieser Welt 9
2. Wörter-Wirrwarr: Wetter, Witterung und Klima 11
3. „Man nehme ..." Rezepte aus der Wetterküche 13
4. Keinen Tag Langeweile: Alexander von Humboldt 15
5. Die Wolken-, Wind- und Wasserzunft: Wir laden zum Klimakongress 18
6. Viel Kult ums Klima: Wettergötter 20
7. Von der Mythologie zur Meteorologie: eine kleine Geschichte der Wetter- und Klimaforschung 22
8. Am Anfang war das Menschenhaar: Wetter- und Klimabeobachtungen 24
9. Bauernregeln 25
10. Für zwischendurch: Von Hundstagen und Eisheiligen 26

Kapitel II: Was das Klima mit uns „macht"

1. Zur Einführung: Der Mensch als „Klimawesen" 28
2. Lebensformen und Klimazonen 29
3. Wo reisten sie denn? 31
4. Fern der Heimat 36
5. Nicht ohne Lichtschutzfaktor: Der Weihnachtsmann macht Slip-Slap-Slop 37
6. Ursache und Wirkung 40
7. Arm und reich auf der Erde verteilt 41
8. Die Hochkulturen und das Wasser: Vertrocknete die Maya-Kultur? 42
9. Angepasste Lebensweisen und verrückte Experimente:
„Ich wollt, ich wär' unter dem Meer" – von Tulpen und Tomaten hinterm Deich 44
10. Von Höhlen und Häusern: Klimabewusst wohnen 46
11. „Was wäre wenn?": Tropisches Trier und arktisches Aachen – ein Gedankenspiel 47

Kapitel III: Macht der Mensch das Klima?

1. Zur Einführung: Macher Mensch und Klimamacht 49
2. Passt der Mensch auf die Erde? 50
3. Klimagase – die Motoren des Treibhauseffektes 51
4. Brauner Dunst: die Kuhfladen und das Klima 53
5. Auf großem Fuß: der ökologische Abdruck einer Banane 55
6. Von Menschen gemacht oder naturbedingt? 58
7. Von Bohnen und Bäumen: Wir nehmen an einer Klimakonferenz teil 59
8. Klimakiller und andere k.o.-Wörter 62
9. Von Heizpilzen befallen 63

Inhalt

Kapitel IV: Erderwärmung – macht das was?

1. Zur Einführung: Warme Wonne? 64
2. Medien und Meinungsmache: Wie dramatisch ist der Klimawandel? 65
3. Hatschi! Was der Klimawandel mit unseren Nasen zu tun hat 67
4. Kein Grund zum Jodeln – Klimawandel in den Alpen 68
5. Schaden in Zahlen 69
6. Tuvalu versinkt im Pazifik 70
7. Klimazeugen gesucht 71

Kapitel V: Klimaschutz – was können wir machen?

1. Zur Einführung: Lösungswege und Handlungswille 72
2. Die große Aktionskiste Klimaschutz 74
3. Chinas „grüne Mauer" 76
4. Die chinesische Politikerin und der marokkanische Oasenbewohner 78
5. Lasst uns Millionen Bäume pflanzen …
   und andere Antworten der Zivilgesellschaft 79
6. Energisch Energie sparen 81
7. Die Wirtschaft und das Weltklima 83
8. Klimaschutz und Klassenfahrt 84
9. Zu guter Letzt: Der mülltrennende Bulettenesser mit dem Sportwagen 86

Anhang

Lösungen 88
Quellenverzeichnis und Leseempfehlungen 99

Vorwort

Alle reden vom Klima – wir auch!

Aber warum sollte man sich überhaupt mit dem Thema beschäftigen? Was macht es schon, wenn die Temperatur in Deutschland in den nächsten Jahrzehnten etwas ansteigt, wenn es in Sibirien wärmer wird und in Afrika noch etwas trockener? Es hat doch in der Erdgeschichte auch ohne Zutun der Menschen immer wieder Eiszeiten und Wärmeperioden gegeben. Wieso sollten wir uns da Gedanken machen? Oder die Gründe für die Erderwärmung bei uns suchen? Es gibt doch so viele andere Themen, die mindestens genau so wichtig sind …

Auf diese und andere Fragen versucht unser Textbuch Antworten zu geben. Wir möchten rund um das Thema Klimawandel Ursachen und Wirkungen, Herausforderungen und Lösungsansätze aufzeigen. Denn wir sind überzeugt: Auch wenn es noch etliche ungeklärte Fragen gibt, ist die Bewältigung der Ursachen wie der Folgen des Klimawandels die weltumspannende Zukunftsaufgabe des 21. Jahrhunderts. Denn der Planet, auf dem wir leben, ist ein hochempfindliches Gebilde. Wo alles mit allem zu tun hat. Wissenschaftler sprechen daher auch gern vom „System Erde". Bei der Beschäftigung mit den fünf Kapiteln soll deutlich werden, dass alle globalen Prozesse miteinander verschränkt sind und in ständiger und komplexer Wechselwirkung stehen.

Der Mensch wirkt seit der industriellen Entwicklung aktiv auf das System Erde ein. Dadurch verändern sich viele Lebensräume: die Wüste wächst, Küstenstädte werden überflutet, Inseln verschwinden, artenreicher Regenwald wird durch Palmölplantagen ersetzt.

Die meisten Veränderungen haben sich bisher auf der Südhalbkugel abgespielt. Können sie uns deswegen gleichgültig sein? Wir möchten durch die Materialauswahl in diesem Buch die Begrenztheit von Perspektiven überwinden. Egal, ob sie nun (bildungs-)politischer, geografischer, kultureller oder sonstiger Natur sind.

Schülerinnen und Schüler der Jahrgangsstufen 7–10 sollen unter Einbeziehung aktueller Forschungsergebnisse ein umfassendes gesellschafts- und naturwissenschaftliches Basiswissen und damit ein Grundverständnis für das komplexe System Erde erwerben.

Wir möchten dabei nicht nur Fakten rund um den Klimawandel beschreiben, sondern auch Probleme und mögliche Lösungsansätze skizzieren. Und vor allem Anregungen geben: selber nachzudenken, Zusammenhänge zu begreifen, einen Blick hinter die Fassade der Politik und der Werbung zu werfen, die Meldungen der Presse zu verstehen, ein Klimabewusstsein zu entwickeln und entsprechend zu handeln. Und schließlich soll der Spaß an der Sache nicht zu kurz kommen, denn er ist Antrieb für Kreativität, die gerade bei einem so ernsten Thema dringend nötig ist.

Die Komplexität unseres Themas und die Vielzahl der Kompetenzen, die die Übungen vermitteln oder stärken wollen, spiegelt sich im fächerübergreifenden Ansatz des Bandes: Er ist in den Fächern Erdkunde, Deutsch, Politik oder Sozialwissenschaften einsetzbar und bietet sich besonders auch für Unterrichtsreihen und Projektwochen zum Thema Klimawandel an. Der Schwierigkeitsgrad der Aufgaben ist jeweils durch I., II., III. gekennzeichnet.

Unser Dank gilt der Stadt Bremerhaven für ihre vielfältigen Anregungen. Ferner danken wir Frau Gabriele Saliba, die das Buch im Persen Verlag betreut hat, und Frau Mele Brink als Illustratorin des Bandes.

Silke Klöver und Anne Hartmann

Überblick zu den Aufgabenstellungen

Kapitel	Thema	Aufgabenstellungen	Schwierigkeitsgrad
I. Wie das Klima auf der Erde „gemacht" wird	1. Zur Einführung: In der Klimaküche dieser Welt	Was wir wissen: Faktenkasten; Was wir nicht genau wissen: Fragekasten	
	2. Wörter-Wirrwarr: Wetter, Witterung und Klima	Komposita bilden und Kategorien zuordnen	I.
	3. „Man nehme ..." Rezepte aus der Wetterküche	Meteorologische Erscheinungen verstehen und ihre „Zutaten" zusammenstellen	III.
	4. Keinen Tag Langeweile: Alexander von Humboldt	Erzählenden oder tabellarischen Lebenslauf erstellen, Kurzvortrag vorbereiten	III.
	5. Die Wolken-, Wind- und Wasserzunft: Wir laden zum Klimakongress	Berufe rund um das Klima zuordnen	II.
	6. Viel Kult ums Klima: Wettergötter	Recherchieren, Bewerbungsschreiben verfassen	I.
	7. Von der Mythologie zur Meteorologie: eine kleine Geschichte der Wetter- und Klimaforschung	Ereignisse in die richtige chronologische Reihenfolge bringen und das Lösungswort finden	II.
	8. Am Anfang war das Menschenhaar: Wetter- und Klimabeobachtungen	Gruppenarbeit: die richtige Lösung und das Lösungswort finden	I.
	9. Bauernregeln	Bedeutung, kulturelle und grammatikalische Funktionsweise erklären	II.
	10. Für zwischendurch: Von Hundstagen und Eisheiligen	Heiteres Begrifferaten	I.
II. Was das Klima mit uns „macht"	1. Zur Einführung: Der Mensch als „Klimawesen"	Was wir wissen: Faktenkasten; Was wir nicht genau wissen: Fragekasten	
	2. Lebensformen und Klimazonen	Zur Wiederholung ein Lückentext	II.
	3. Wo reisten sie denn?	Lesetexte verstehen, Klimazonen und Reiseziele zuordnen, Nachschlagewerke nutzen	III.
	4. Fern der Heimat	Eigene Klimabeobachtungen zusammenstellen	I.
	5. Nicht ohne Lichtschutzfaktor: Der Weihnachtsmann macht Slip-Slap-Slop	Text auswerten und die richtigen Antworten ankreuzen	I.
	6. Ursache und Wirkung	Die richtigen Satzteile kombinieren	III.
	7. Arm und reich auf der Erde verteilt	Tabelle erstellen und auswerten	II.

Überblick zu den Aufgabenstellungen

	8. Die Hochkulturen und das Wasser: Vertrocknete die Maya-Kultur?	Text auswerten und die richtigen Antworten ankreuzen	I.
	9. Angepasste Lebensweisen und verrückte Experimente: „Ich wollt, ich wär' unter dem Meer" – von Tulpen und Tomaten hinterm Deich	Text verstehen und Fragen beantworten	II.
	10. Von Höhlen und Häusern: Klimabewusst wohnen	Begriffe zuordnen (Wohnformen)	II.
	11. „Was wäre wenn?": Tropisches Trier und arktisches Aachen – ein Gedankenspiel	Szenarien entwerfen und diskutieren	III.
III. Macht der Mensch das Klima?	1. Zur Einführung: Macher Mensch und Klimamacht	Was wir wissen: Faktenkasten; Was wir nicht genau wissen: Fragekasten	
	2. Passt der Mensch auf die Erde?	Den ökologischen Fußabdruck messen und Leitfragen beantworten	II.
	3. Klimagase – die Motoren des Treibhauseffektes	Sich über Treibhausgase informieren und sie auf ihre Quellen zurückführen	III.
	4. Brauner Dunst: die Kuhfladen und das Klima	Textinformationen auswerten und eine Kausalkette erstellen	III.
	5. Auf großem Fuß: der ökologische Abdruck einer Banane	Den Weg einer Ware verfolgen und die Folgen für das Klima kalkulieren	II.
	6. Von Menschen gemacht oder naturbedingt?	Aussagen interpretieren und Kategorien zuordnen	III.
	7. Von Bohnen und Bäumen: Wir nehmen an einer Klimakonferenz teil	Recherchieren, präsentieren, diskutieren und eine Tabelle ergänzen	II.
	8. Klimakiller und andere k.o.-Wörter	Um die Ecke denken und Begriffe recherchieren	I.
	9. Von Heizpilzen befallen	Text auswerten und Argumente sammeln	I.
IV. Erderwärmung – macht das was?	1. Zur Einführung: Warme Wonne?	Was wir wissen: Faktenkasten; Was wir nicht genau wissen: Fragekasten	
	2. Medien und Meinungsmache: Wie dramatisch ist der Klimawandel?	Pressebotschaften verstehen und Positionen zuordnen	II.
	3. Hatschi! Was der Klimawandel mit unseren Nasen zu tun hat	Vorschlag für ein Langzeitprojekt	II.
	4. Kein Grund zum Jodeln – Klimawandel in den Alpen	Textinformation auswerten, Folgen kalkulieren	II.

Überblick zu den Aufgabenstellungen

	5. Schaden in Zahlen	Statistische Angaben interpretieren und in eine Kurve umsetzen	III.
	6. Tuvalu versinkt im Parzifik	Die Weltkarte studieren und die Ergebnisse auswerten	II.
	7. Klimazeugen gesucht	Berichte von Klimazeugen auswerten und erstellen	II.
V. Klimaschutz – was können wir machen?	1. Zur Einführung: Lösungswege und Handlungswille	Was wir wissen: Faktenkasten; Was wir nicht genau wissen: Fragekasten	II.
	2. Die große Aktionskiste Klimaschutz	Handlungen zuordnen und einen eigenen Aktionsplan entwerfen	II.
	3. Chinas „grüne Mauer"	Text auswerten, Antworten und Lösungswort finden	II.
	4. Die chinesische Politikerin und der marokkanische Oasenbewohner	Diskussion und Rollenspiel	II.
	5. Lasst uns Millionen Bäume pflanzen … und andere Antworten der Zivilgesellschaft	Sich informieren, das Profil einer „Nichtregierungsorganisation" erstellen	I.
	6. Energisch Energie sparen	Text lesen, Begriffe erklären	I.
	7. Die Wirtschaft und das Weltklima	Zu einzelnen Branchen recherchieren und ihre Werbung analysieren; eine eigene Klimakampagne entwerfen	III.
	8. Klimaschutz und Klassenfahrt	Vorschläge für eine Klassenfahrt erarbeiten, durch ein Plakat überzeugen	II.
	9. Zu guter Letzt: Der mülltrennende Bulettenesser mit dem Sportwagen	Eine Knobelei	II.

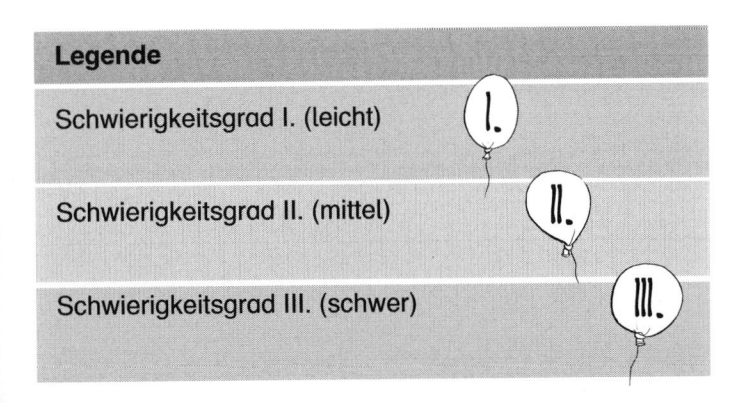

Legende	
Schwierigkeitsgrad I. (leicht)	I.
Schwierigkeitsgrad II. (mittel)	II.
Schwierigkeitsgrad III. (schwer)	III.

Kapitel I: Wie das Klima auf der Erde „gemacht" wird

1. Zur Einführung: In der Klimaküche dieser Welt

Bevor du die Übungen dieses Kapitels bearbeitest, solltest du den Inhalt von Faktenkasten und Fragekasten kennen.

Was wir wissen: Faktenkasten

Folgende „Zutaten" spielen in der „Klimaküche" der Welt eine wichtige Rolle. Das heißt, sie bewirken die Entstehung des Klimas, seine Stabilisierung, aber auch Veränderungen:

- ✓ **Die Sonneneinstrahlung:** Denn die Sonne ist der Motor des Klimageschehens. Sie lässt Wasser verdunsten und beeinflusst damit den Feuchtigkeitsgehalt der Luft. Sie erwärmt Ozeane und Kontinente und lässt dadurch gewaltige Luftmassen aufsteigen. So entstehen Gebiete mit hohem und niedrigem Luftdruck sowie Winde, die diese Unterschiede ausgleichen.
- ✓ **Die Ozeane:** Denn sie binden das Treibhausgas CO_2. Erwärmen sich die Meere, so kommt es zu Temperaturunterschieden und damit Unterschieden in der Wasserdichte. Dadurch entstehen Strömungen wie der **Golfstrom,** der zur Erwärmung Nordeuropas beiträgt.
- ✓ **Die Zusammensetzung der Erdatmosphäre:** Denn in dieser Schutzhülle befinden sich sogenannte Treibhausgase, unter ihnen Kohlendioxid/CO_2, Methan, Ozon und Wasserdampf. Diese lassen die kurzwellige Strahlung der Sonne ungehindert passieren. Von der Erdoberfläche werden diese Strahlen dann als langwellige Wärmestrahlung zurück in die Atmosphäre geleitet. Dort nehmen die **Treibhausgase** sie wiederum auf und geben einen Teil davon zurück auf die Erde. Der Rest gelangt in den Weltraum. Der natürliche Treibhauseffekt ist ein sehr nützliches Phänomen. Ohne ihn läge die globale Durchschnittstemperatur bei −18°C anstatt bei +15°C.
- ✓ **Der Wasserkreislauf:** Denn er sorgt für den Erhalt der Ökosysteme. Besonders wichtig für das Klima: das Ökosystem **Wald!**
- ✓ **Die Erdachse:** Denn sie sorgt dafür, dass die Sonnenstrahlen in einem unterschiedlichen Winkel auf die Erde treffen. So entstehen die unterschiedlichen Klimazonen und Jahreszeiten.
- ✓ **„Großereignisse" wie Meteoriteneinschläge oder Vulkanausbrüche:** Denn dabei können Asche und Gase bis weit in die Atmosphäre geschleudert werden. Die Einstrahlung von Sonnenenergie wird geringer. Folge: Das Klima kühlt sich ab.
- ✓ **Die Erdoberfläche:** Gebirge zwingen z. B. feuchte Luftmassen nach oben, Sumpfgebiete produzieren das Klimagas Methan etc.
- ✓ **Menschliche Aktivitäten wie z. B. Industrie, Verkehr, Landwirtschaft:** Denn die dabei freigesetzten „Treibhausgase" CO_2, Methan, FCKW etc. verändern die Zusammensetzung der Erdatmosphäre. **Rodungen** setzen zusätzliches CO_2 frei und stören zudem den Wasserhaushalt der Erde.

1. Wie das Klima auf der Erde „gemacht" wird

Was wir nicht genau wissen: Fragekasten

Die Wissenschaft hat im Laufe der letzten Jahrhunderte über unser Klima sehr viele Fakten zusammengetragen. Aber manche Antworten fehlen noch ganz oder sie sind nicht vollständig, z. B.:

- Wie reagiert die Pflanzenwelt auf mehr Kohlendioxid in der Atmosphäre?
- Welche Veränderungen bei den „Klimazutaten" bewirken welche Veränderungen in der „Klimaküche"?
- Welche Rolle spielen große Prozesse, wie die andauernde „Kontinentverschiebung"?

I. Wie das Klima auf der Erde „gemacht" wird

2. Wörter-Wirrwarr: Wetter, Witterung und Klima

❶ Bitte lies den Text aufmerksam.

Egal, worüber man redet, wichtig ist, dass man weiß, was mit den Begriffen, die man verwendet, eigentlich gemeint ist. Gerade bei der Diskussion um das Klima geht da manchmal einiges durcheinander. Daher hier noch einmal das Wichtigste in Kürze:

Das Wort **Klima** stammt ursprünglich aus dem Griechischen und bedeutet „Himmelsgegend" oder „Krümmung". Heute versteht man unter diesem Begriff die **gesamte Witterung** einer Region oder Klimazone über **mehrere Jahre oder Jahrzehnte** hinweg. Die meisten Wissenschaftler sind der Meinung, dass man das Klima mindestens **30 bis 50 Jahre** beobachten muss, um verlässliche Aussagen treffen zu können.

Die Erde ist in fünf unterschiedliche Klimazonen unterteilt: die Tropen, die Subtropen, die gemäßigte Zone, die subpolare Zone und die Polarzone.

Darüber hinaus unterscheidet man z. B. Höhenklima, Seeklima, Kontinentalklima. Das **Klima** wird von physikalischen Vorgängen in der Atmosphäre „gemacht". Diese werden vor allem dadurch ausgelöst, dass die **Sonne** unsere Erde bescheint. Zu den wichtigen Klimafaktoren gehören die **Meeresströmungen,** die Verteilung von Festland und Ozeanen, die Beschaffenheit der **Erdoberfläche,** die **Pflanzenwelt** sowie die **Aktivitäten des Menschen.** Witterung ist hingegen ein deutsches Wort, das im Mittelalter „Luftbeschaffenheit" meinte. Heute versteht man unter Witterung den Wetterablauf an einem bestimmten Ort während eines bestimmten Zeitabschnitts, d. h. zu einer Jahreszeit, innerhalb mehrerer Tage wie den „Eisheiligen" etc.

Das Wort **Wetter** bedeutete im deutschen Mittelalter „Wind". Heute meint es den Zustand der Atmosphäre **zu einem bestimmten Zeitpunkt** an einem **bestimmten Ort.** Konkret gemeint ist damit der Wind, der dir um die Ohren pfeift oder der warme Regen, der euch bei einem Spaziergang überrascht.

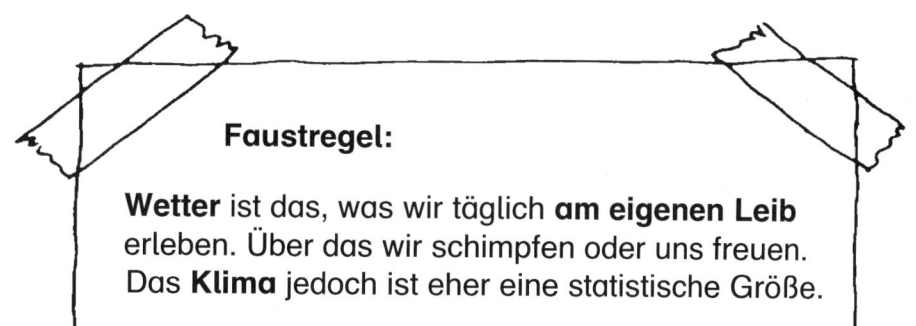

> **Faustregel:**
>
> **Wetter** ist das, was wir täglich **am eigenen Leib** erleben. Über das wir schimpfen oder uns freuen. Das **Klima** jedoch ist eher eine statistische Größe.

Innerhalb einer Klimazone oder innerhalb eines Landes kann es beträchtliche Wetter-Unterschiede geben. Informationen bekommst du z. B. beim Deutschen Wetterdienst unter: www.dwd.de.

1. Wie das Klima auf der Erde „gemacht" wird

❷ Nutze jetzt diese Informationen, um die nachfolgenden Wörter sinnvoll zu ergänzen.

a) Sortiere die Antworten dann bitte in drei Gruppen.
   Achtung: Manchmal ist mehr als eine Antwort möglich.
b) Wenn ihr die Ergebnisse besprecht, begründet eure Entscheidungen.

✦ -amt ✦ -änderung ✦ -anlage ✦ -aussichten ✦ -bedingt ✦ -bericht ✦ -beständig ✦
✦ -dienst ✦ -diskussion ✦ -fahne ✦ -fest ✦ -forschung ✦ -frosch ✦ -fühlig ✦ -gas ✦ -gott ✦
✦ -hahn ✦ -häuschen ✦ -karte ✦ -katastrophe ✦ -killer ✦ -lage ✦ -leuchten ✦ -politik ✦
-prognose ✦ -schwankungen ✦ -schädlich ✦ -station ✦ -sünder ✦ -schutz ✦
✦ -system ✦ -umschwung ✦ -vorhersage ✦ -wandel ✦ -wechsel ✦
✦ Welt- ✦ Welt-...-rat ✦ -wendisch ✦ -zone ✦

Wettersack	**Witterungsregal**	**Klimakiste**

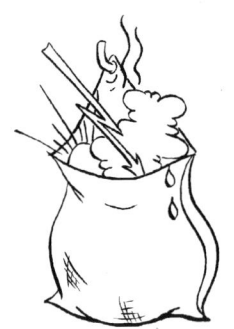

1. Wie das Klima auf der Erde „gemacht" wird

3. „Man nehme ..." Rezepte aus der Wetterküche

Gewusst wie? Oder besser: Gewusst, was zusammenkommen muss, damit bestimmte meteorologische Phänomene entstehen?

Probiert mal, ob ihr alle „Zutaten" dem richtigen Rezept zuordnen könnt. Na klar, und wie beim Kochen wäre es wichtig, wenigstens so ungefähr die richtige Reihenfolge einzuhalten.

❶ Was braucht es, um einen Hurrikan zusammenzubrauen?

Tipp: Der Hurrikan ist ein tropischer Wirbelsturm, der Orkanstärke erreicht. Er entsteht immer über dem Meer, benötigt dafür aber recht hohe Wassertemperaturen (weshalb wir ihn in Nord- und Ostsee nicht befürchten müssen). Wenn das Wasser in großen Mengen verdunstet und aufsteigt, bildet sich eine riesige Wolke, die sich spiralförmig dreht. Inmitten des Wirbels herrscht Windstille.

_____
_____
_____
_____
_____

❷ Was muss zusammenkommen, damit ein kräftiges Gewitter entsteht?

Tipp: Im Gegensatz zum Hurrikan gibt es Gewitter weltweit. Wenn eine Kaltfront aufsteigende feuchtwarme Luft nach oben schiebt, kann in der höheren kälteren Atmosphäre eine Gewitterwolke entstehen. Regentropfen und Eiskörnchen werden in der Gewitterwolke immer wieder nach oben getragen, bis sie so viel Eis angelagert haben, dass sie als Regen, Graupel oder Hagel zu Boden prasseln. Wenn sich die elektrische Spannung, die innerhalb der Gewitterwolke herrscht, entlädt, sehen wir einen Blitz als Lichtbogen zwischen Wolke und Erde. Dabei wird der Knall des Donners durch die explosionsartige Ausdehnung der Luft im Blitzkanal hervorgerufen.

1. Wie das Klima auf der Erde „gemacht" wird

❸ **Wie bekomme ich einen ordentlichen Föhnwind zustande?**

Tipp: Der Föhnwind ist ein warmer, trockener Fallwind, der auf der Leeseite (= hangabwärts gerichtet) größerer Gebirge entsteht; meist verwendet man die Bezeichnung „Föhn" für Winde im Alpenraum. Auf der Luvseite der Gebirge (= hangaufwärts) tritt zuvor oft Steigungsregen auf, der zu relativ warmer Höhenluft führt.

_____

_____

_____

_____

_____

„Zutatenliste":

- Windstärke 12
- die Spannung steigt auf bis zu 10 Millionen Volt
- schnelle Erwärmung und Trocknung der herabströmenden Luft
- die Ausdehnung der im Blitzkanal aufgeheizten Luft lässt es knallen, rumpeln und grollen
- gelingt am besten Juni bis November
- Erwärmung des Wassers an und unter der Oberfläche auf über 26,5 Grad
- starke Verdunstung
- Rotation von Luftmassen
- hinter dem Bergkamm sinkt die Luftfeuchte
- der Wind ist landeinwärts gerichtet
- windfreies Zentrum, das „Auge" des Sturms
- Aufsteigen warm-feuchter Luft in kältere Schichten
- Entstehung einer massigen, hohen Wolke
- in Höhen von 5–6 km werden aus Wolkentropfen Eiskristalle
- die Tröpfchen und Kristalle laden sich elektrisch auf
- es gibt negativ und positiv geladene Teilchen
- Unterdruck
- die Elektrizität entlädt sich zwischen Wolken und Erde
- feuchte Luft wird vor dem Gebirge zum Aufsteigen gezwungen
- braut sich über dem Meer zusammen
- es kommt zu Steigungsregen

I. Wie das Klima auf der Erde „gemacht" wird

4. Keinen Tag Langeweile: Alexander von Humboldt

Der Berliner Alexander von Humboldt (1769 bis 1859) zählt bis heute zu den weltweit berühmtesten Naturforschern. Pinguine, Schnecken, Orchideen und eine Meeresströmung tragen seinen Namen, ebenso Schulen, Universitäten, Straßen und Plätze.
Humboldt hat als erster Wissenschaftler systematische Klimaforschung betrieben.

❶ In dem Kasten findest du als unsortierte Schnipsel die Stationen seines Lebens. Bitte bringe sie in die richtige Reihenfolge.

A	Bis 1804 blieb er in Südamerika, wo er die Tier- und Pflanzenwelt erforschte, Temperatur- und Landmessungen vornahm und viele Zeichnungen anfertigte.
B	Ab 1789 studierte er in Göttingen unter anderem Zoologie und Biologie.
C	Schon als Kind zeigte Alexander ein besonderes Interesse für Naturgegenstände.
D	Der Vater verstarb unerwartet im Jahr 1779.
E	Eltern: Alexander Georg von Humboldt, Mutter Marie Elisabeth von Holwede.
F	Von 1792 bis 1795 arbeitete er im Bergbau in Steben (Franken), wo er die erste Berufsschule für Arbeiter gründete.
G	1829 organisierte er eine zweite große Expedition. Dieses Mal nach Sibirien. In sechs Monaten legte er zu Pferde 15.000 Kilometer zurück.
H	Der Bruder Wilhelm von Humboldt kam 1767 in Potsdam zur Welt.
I	Abgeschlossen wurde die Amerika-Expedition mit einem Besuch in den USA, wo Humboldt mehrere Wochen bei Präsident Jefferson zu Besuch war.
J	Er verfügte über ein großes Zeichentalent und hatte 1786 in Berlin seine erste Ausstellung.
K	1799 stach er mit den 50 modernsten Messinstrumenten ausgerüstet Richtung Südamerika in See.
L	Alexander wurde am 14. September 1769 in Berlin geboren.
M	Die Jahre nach der Rückkehr verbrachte er mit der Herausgabe seiner Reisebücher sowie mit Vorlesungen an der Berliner Universität.
N	In Russland galt sein Interesse unter anderem dem Studium der Klimazonen.

1. Wie das Klima auf der Erde „gemacht" wird

| O | Die Brüder wurden von Hauslehrern gemeinsam erzogen. |

| P | 1796 hinterließ die Mutter bei ihrem Tod ein beträchtliches Vermögen. Deshalb kündigte Alexander seine Stellung und widmete sich nur noch der Forschung. |

| Q | Danach ging er an die Bergakademie in Freiberg und wurde 1792 in den Staatsdienst übernommen. |

| R | 1805 kehrte er nach Berlin zurück. Preußen hatte den Krieg gegen Frankreich verloren und die Humboldts große Teile ihres Vermögens. |

| S | Auf den Rat Humboldts richtete die russische Regierung ein Netz von Mess-Stationen ein. Hier wurden Luftdruck, Temperatur, Windrichtung und Niederschlagsmenge notiert. |

| T | Alexander von Humboldt starb 1859 als Ehrenbürger von Berlin. Er hatte sein gesamtes Vermögen in die Wissenschaft investiert. |

Die richtige Reihenfolge ist:

☐☐☐☐☐☐☐☐☐☐☐☐☐☐

❷ Nun teilt euch in zwei Gruppen.

a) Gruppe 1 schreibt die sortierten Schnipsel zu einem Lebenslauf in der Ich-Form um.

Alexander von Humboldt: Mein Lebenslauf

Am 14. September 1769 wurde ich als zweiter Sohn des Alexander Georg von Humboldt und seiner Frau Elisabeth in Berlin geboren …

b) Gruppe 2 bringt die Informationen aus den Schnipseln in eine tabellarische Form, z. B. nach folgendem Muster:

1. Wie das Klima auf der Erde „gemacht" wird

Alexander von Humboldt: Tabellarischer Lebenslauf

Name: _____

Vorname: _____

Geburtsort und Geburtsjahr: _____

Eltern: _____

Schulbildung: _____

Hochschulausbildung: _____

Berufserfahrung: _____

Auslandsaufenthalte: _____

Besondere Kenntnisse: _____

Sonstiges: _____

_____

_____

❸ **Versucht einmal, weitere Einzelheiten aus dem Leben Alexander von Humboldts herauszufinden. Erarbeitet dann einen Kurzvortrag (5 Minuten), der Antwort auf folgende Fragen geben sollte:**

- Warum kann man Alexander von Humboldt als einen „Universalgelehrten" bezeichnen?
- Welche Werke hat er veröffentlicht?
- Welchen Beitrag hat er zur Wetter- und Klimaforschung geleistet?

1. Wie das Klima auf der Erde „gemacht" wird

5. Die Wolken-, Wind- und Wasserzunft: Wir laden zum Klima-Kongress

Stell Dir vor, Du hast einen Ferienjob am Klimaforschungsinstitut. Deine Chefin will, dass du sie bei der Organisation einer großen Klimakonferenz unterstützt. Sie hat auf einem Zettel aufgeschrieben, welche Leute sie einladen möchte, leider aber keine Namen notiert.
Bevor sie zu ihrer mehrwöchigen Südpolexpedition aufbricht, drückt sie dir ihr Adressbuch in die Hand und sagt: **„Suchen Sie mal die richtigen Leute raus und schicken Sie denen bis nächste Woche eine Einladung!"**
Und weg ist sie. Rücksprache wegen Funkloch unmöglich.
Was tun? Da bleibt dir nichts übrig, als aus ihrem Notizzettel und ihrem Adressbuch die Teilnehmerliste zusammenzubasteln.

❶ Schau dir als Erstes den Zettel deiner Chefin an. Unglaublich, wie viele Berufsgruppen heutzutage ein Thema bearbeiten, oder?

Klimakonferenz: Die Erde erwärmt sich – das lässt uns nicht kalt
18.–20. Oktober
Einladen sollten wir:

A. Jemanden, der berechnet, wie viel Schaden Klima- und Wetterkatastrophen verursachen.

B. Jemanden, der neue Nutzpflanzensorten, die auch noch bei großer Hitze oder wenig Wasser wachsen, züchtet.

C. Jemanden, der die Zusammensetzung und Wirkung von Klimagiften untersucht.

D. Jemanden, der Gesetze zum Umwelt- und Klimaschutz im Parlament diskutiert und verabschiedet.

E. Jemanden, der sich in internationalem Recht auskennt und Gesetzesentwürfe für mehr Umwelt- und Klimaschutz erarbeitet.

F. Jemanden, der die Klimaforscher bei der Programmierung ihrer Computer unterstützt.

G. Jemanden, der nach neuen technischen Lösungen sucht, um Energie und das Klimagas CO_2 einzusparen.

H. Jemanden, der untersucht, wo und wann es auf unserer Erde schon einmal Kälte- oder Hitzeperioden gegeben hat.

I. Jemanden, der den Einfluss der Weltmeere auf das Klima untersucht.

J. Jemanden, der den Einfluss des Klimas auf die Tierwelt erforscht.

K. Jemanden, der sich mit dem Wetter gut auskennt.

L. Jemanden, der Experte für Bewässerung ist.

M. Jemanden, der oft in der Presse über Klima- und Wetterereignisse berichtet hat.

N. Jemanden, der sich mit Erdkunde richtig gut auskennt.

1. Wie das Klima auf der Erde „gemacht" wird

❷ Nun schlage das Adressbuch deiner Chefin auf.
Mache dann in der ersten Spalte ein Kreuz hinter jedem Namen, dessen Beruf zu der Liste auf dem Zettel passt.
Vorsicht, vier Personen in dem Buch wären auf der Konferenz vermutlich fehl am Platze.

Professor Gerlinde Löchelsau, Geographin ☐ ☐

Gisela Eisenmagen, Meteorologin ☐ ☐

Henriette Hühnermund, Mitglied des Deutschen Bundestages ☐ ☐

Robert Schwallendorf, Journalist ☐ ☐

Stefan Schachtschabe, Jurist/Umweltrecht ☐ ☐

Wolfgang Dunkelhase-Dümpelfeld, Wassermanagement ☐ ☐

Professor Bernhard Bratvogel, Informatiker ☐ ☐

Detlev von Drehkopf, Ingenieur ☐ ☐

Gisela Gänsehals, Erdgeschichtlerin ☐ ☐

Professor Karin Knüppelholz, Agrarwissenschaftlerin ☐ ☐

Wiebke Wucherpfennig, Immobilien ☐ ☐

Monika Muschel, Ozeanologin ☐ ☐

Dr. Volker von der Made, Biologe ☐ ☐

Dr. Frank Fleischer, Chirurg ☐ ☐

Professor Oskar Ofenloch, Mathematiker ☐ ☐

Dr. Heinz Hackmann, Veterinär ☐ ☐

Professor Ludwig Leiche, Chemiker ☐ ☐

Ralf Rathgeber, Psychologe ☐ ☐

❸ Trage in einem zweiten Schritt die zugehörigen Berufe/Buchstaben aus dem Notizbuch in die zweite Spalte hinter den Namen ein.

❹ Diskutiert dann eure Teilnehmerliste. Gibt es Berufsgruppen, die man noch einladen könnte? Könnt Ihr eure Vorschläge begründen?

1. Wie das Klima auf der Erde „gemacht" wird

6. Viel Kult ums Klima: Wettergötter

Naturkatastrophen „brechen" über uns „herein" – warum und wie das passiert, konnten sich die Menschen über Jahrtausende nur mit dem Wirken von Wettergöttern erklären. Der Sturm auf hoher See, der Blitz am Himmel und das Beben der Erde mussten mit den Stimmungen dieser Herrschaften zu tun haben. Waren sie schlecht gelaunt, blieben die Menschen durch Dürre oder Überschwemmungen ohne Ernte. Oder sie froren erbärmlich, wenn der Winter zu kalt ausfiel. Völlig logisch, dass die Menschen versuchten, den Zorn der Wettergötter zu besänftigen. Schamanen, Medizinmänner, Priester und vielleicht auch Wetterhexen wurden eigens dafür „bezahlt", die himmlischen Wettermacher gnädig zu stimmen. Und so gibt es weltweit wohl keine einzige Kultur ohne „Wetterkult".

❶ **Als Wettergottheit hatte man damals einen hoch angesehenen, krisensicheren Posten. Studiert bitte einmal die folgenden Jobangebote:**

Wir stellen ein

Hochkultur im nördlichen Afrika, mit weit verzweigten Kontakten rund um das Mittelmeer sucht kompetente und durchsetzungsfähige Sonnengottheit zur Stärkung ihrer Zivilisation.

Wir bieten:
- eine angemessene Verehrung durch ein eingespieltes Team von Priestern und Tempeldienern;
- großartige und dauerhafte Bauten zur Mitnutzung;
- eine vielfältige und anspruchsvolle Aufgabe, zu der u. a. die Sicherstellung der jährlichen Ernten gehört.

Für Aufgeweckte

Wir lassen es leuchten! Zur Verstärkung unseres Teams, das hohes Ansehen genießt, suchen wir einen dynamischen Mitarbeiter mit gutem Stammbaum (möglichst titanisch), Fahrerlaubnis (Erfahrung im Umgang mit vier PS Voraussetzung) und hoher Mobilität.

Wir bieten:
- attraktive ganztätige Beschäftigung, Beginn in den frühen Morgenstunden;
- abwechslungsreiche Reisetätigkeit;
- eigenes Fahrzeug;
- angenehme klimatische Bedingungen;
- im Erfolgsfall: Verewigung durch eine Statue.

1. Wie das Klima auf der Erde „gemacht" wird

Starker Mann gesucht!

Nordische Völkergemeinschaft sucht kräftigen jungen Mann zum Hammerschwingen und Keilwerfen (oft unter ungünstigen Witterungsbedingungen). Bewerber sollten über gute Kontakte zur bäuerlichen Bevölkerung verfügen und auch bereit sein, Schutzaufgaben wahrzunehmen.

Als Vergünstigung bieten wir:
- einen Gürtel, der die Kraft verdoppelt;
- die Arbeitswerkzeuge Hammer und Keil;
- einen mit zwei Ziegenböcken bespannten Wagen.

Für Temperamentvolle

Die Völker Mittelamerikas suchen eine göttliche Persönlichkeit, die Erfahrung mit Sintfluten, schweren Stürmen und anderen Extremwetterlagen hat. Körperbehinderte angenehm. Einbeinige Raucher bevorzugt.

Als Gegenleistung bieten wir:
- treue Verehrung, z. B. durch Maya und Azteken;
- eine kulturvolle Umgebung mit Pyramiden und Ballspielen;
- ein buntes Team unterschiedlicher Götter und Göttinnen;
- eine angemessene Dienstwohnung in nebliger, wasserreicher Umgebung.

❷ Hier folgt der Bewerberpool ...

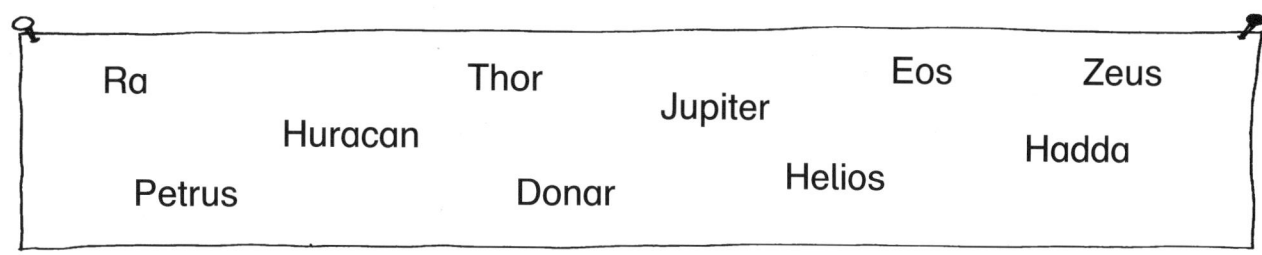

Ra   Thor   Jupiter   Eos   Zeus
  Huracan   Hadda
Petrus   Donar   Helios

a) Informiert euch über die Kandidaten aus dem Bewerberpool und ordnet sie den Stellenangeboten zu. Ihr solltet gründlich recherchieren, damit ihr dann

b) ein optimal zur Stellenausschreibung passendes Bewerbungsschreiben verfassen könnt. Sucht euch eine Gottheit aus und schreibt bitte in der Ich-Form. Achtet darauf, dass ihr eure Stärken und Talente gut zur Geltung bringt.

c) Einige der Bewerber sind „schwer vermittelbar", d. h. sie passen nicht auf die offenen Stellen. Welche sind das?

d) Diskutiert in der Klasse über die Bewerbungsschreiben. Welches ist gut gelungen? Wodurch zeichnet es sich aus?

I. Wie das Klima auf der Erde „gemacht" wird

7. Von der Mythologie zur Meteorologie: eine kleine Geschichte der Wetter- und Klimaforschung

Ergänzt die Jahreszahlen aus dem Kasten und bringt die Ereignisse danach in die richtige zeitliche Reihenfolge. Tragt die Buchstaben in die Kästchen am Ende der Übung ein. Wie heißt das Lösungswort?

Tipp: An einigen Stellen sind Hinweise in den Text eingebaut, die euch bei der Lösung helfen. Wenn ihr nicht weiter wisst, recherchiert im Internet oder schlagt im Lexikon nach.

| A | _____ baute der Magdeburger Bürgermeister Otto Guericke nach italienischem Modell ein 11 Meter hohes Wasserthermometer zur Wettervorhersage. |

| F | Bereits _____ wurde im bayrischen Voralpenland auf dem Peißenberg die erste Bergwetterstation der Welt eingerichtet, die seit knapp 230 Jahren Messdaten liefert. |

| L | _____ prägte der griechische Philosoph Aristoteles das bis heute gültige Wort für Wetterkunde: Meteorologie. |

| O | Der amerikanische Politiker Benjamin Franklin war auch in der Wissenschaft sehr erfolgreich. Manchmal griff er dabei zu Methoden, die ihr besser nicht nachahmen solltet. Im Jahre _____, als sein Land noch eine britische Kolonie war, versuchte er, durch Experimente mit einem Lenkdrachen dem Geheimnis der Blitze auf die Spur zu kommen. |

| C | _____ wurde in Berlin das Preußische Meteorologische Institut gegründet. |

| H | Ab etwa _____ brachten die großen Zeitungen regelmäßig Wetterkarten. |

| I | Gut einhundert Jahre nach der Entdeckung Amerikas, im Jahre _____ konstruierte der italienische Physiker Galileo Galilei das erste Thermometer. Damals nannte man es noch „Thermoskop". |

| E | Einige Jahre nach Ende des Zweiten Weltkriegs wurde in Genf _____ die World Meteorological Organization, eine Fachorganisation der Vereinten Nationen, ins Leben gerufen. Ihr Ziel ist unter anderem die Verbesserung der internationalen Zusammenarbeit im Bereich der Wetter- und Klimaforschung. |

| M | _____ erfand der italienische Mathematiker Evangelista Torricelli das Barometer. Von nun an war es möglich, den Luftdruck zu messen. In Florenz und Pisa entstand danach ein kleines Netzwerk von Messpunkten, wo man nach vereinheitlichten Meldeformularen Lufttemperatur, Luftdruck, Luftfeuchtigkeit und Windrichtung notierte. |

| S | _____ zeichnete Alexander von Humboldt die erste „Isothermenkarte" der Erde. Das heißt, er verband Punkte mit gleicher Temperatur durch Linien. Der Breslauer Physiker Brandes verband auf dieselbe Weise Punkte mit gleichem Luftdruck. 1820 legte er die erste Wetterkarte mit Linien für Hoch- und Tiefdruckgebiete vor. |

1. Wie das Klima auf der Erde „gemacht" wird

I _____ prägte der amerikanische Meteorologe Edward Lorenz den Begriff des „Schmetterlingseffekts". Als er Wettervorhersagen an einem Computer berechnete, stellte er fest: Wenn er statt mit sechs nur mit drei Stellen hinter dem Komma rechnete, kamen völlig andere Ergebnisse zustande. Er packte das in die anschaulichen Worte: „Der Flügelschlag eines Schmetterlings im Amazonas-Urwald kann einen Orkan in Europa auslösen."

K _____ Die alten Babylonier schrieben Wettersprüche, eine Art Bauernregeln, auf Tontafeln.

N _____ wurde der Weltklimarat (IPCC) durch die Vereinten Nationen ins Leben gerufen. Hauptziel dieser internationalen Expertengruppe ist es, das Risiko der Erderwärmung zu beurteilen sowie Vorschläge zu erarbeiten, wie eine gefährliche Aufheizung des Globus verhindert werden kann. 2007 wurde der IPCC für seine Arbeit mit dem Friedensnobelpreis ausgezeichnet.

R _____, also zwei Jahre vor der französischen Revolution, stieg der französische Physiker Jacques Charles mit einem Gasballon auf, um in großer Höhe Veränderungen von Luftdruck und Temperatur zu beobachten.

R Seit _____, also seit fast einem halben Jahrhundert, liefern Wettersatelliten Messdaten aus der Erdumlaufbahn.

✦ 1951 ✦ 1817 ✦ 1752 ✦ um 1597 ✦ 1960 ✦ 1820 ✦ um 2000 v.Chr. ✦
✦ 1661 ✦ 1787 ✦ um 350 vor Chr. ✦
✦ 1643 ✦ 1781 ✦ 1929 ✦ 1988 ✦ 1963 ✦

Lösungswort:

1. Wie das Klima auf der Erde „gemacht" wird

8. Am Anfang war das Menschenhaar: Wetter- und Klimabeobachtungen

❶ Unterstreicht Begriffe, die ihr nicht kennt.
❷ Schlagt im Lexikon nach oder recherchiert im Internet.
❸ Richtig oder falsch, bitte kreuzt an. Die vorige Übung (Nr. 7) kann euch bei den Antworten helfen.
Die Lösungsbuchstaben ergeben ein häufig zum „Wetterpropheten" ernanntes Tier.
Wer ist es?

		richtig	falsch
a)	Das Wort Klima stammt aus dem Griechischen und bedeutet „Neigung" oder „Krümmung".	L	P
b)	Bereits die alten Germanen unterhielten wissenschaftliche Wetterstationen.	U	A
c)	Das Wort Meteorologie ist mit dem griechischen Wort „Meteor" verwandt.	U	T
d)	Thermometer ist das Fremdwort für „Kältemessgerät".	E	B
e)	Das Thermometer wurde von den alten Griechen erfunden.	S	F
f)	Mit einem Barometer, das heißt, mit einem „Schweremessgerät", lässt sich der Luftdruck messen.	R	D
g)	Das Wetterhäuschen in vielen deutschen Wohnstuben funktionierte früher mit einem Frauenhaar, das sich bei steigender Luftfeuchtigkeit zusammenzog und bei Trockenheit ausdehnte.	I	O
h)	Im 19. Jahrhundert begannen die Menschen mit der weltweiten Sammlung von Wetter- und Klimadaten. Bojen, Wettersonden an Ballons, Schiffe und Flugzeuge halfen im 20. Jahrhundert, die Information weiter zu verbessern.	S	N
i)	Der erste Wettersatellit wurde 1960 von den Russen zum Mond geschossen.	O	C
j)	Unter einem Klimamodell versteht man ein Computer-Modell zur Berechnung und Vorhersage des Klimas für einen bestimmten Zeitabschnitt.	H	Z

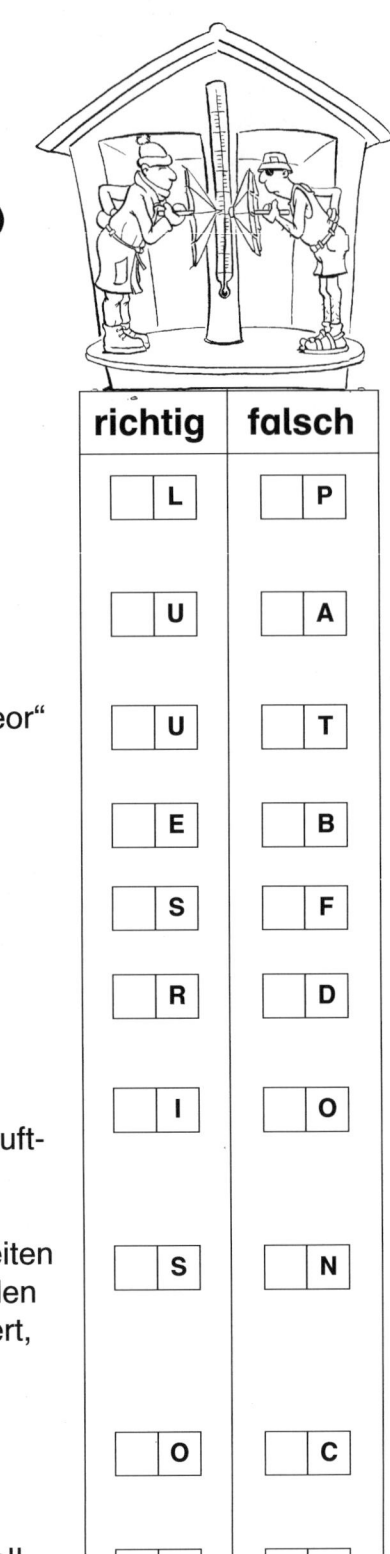

Lösung: ☐☐☐☐☐☐☐☐☐☐

I. Wie das Klima auf der Erde „gemacht" wird

9. Bauernregeln

Wer in freier Natur arbeitet und sein Einkommen in der Landwirtschaft verdient, der ist mehr als andere vom Wetter abhängig. Fehler, wie das nicht rechtzeitige Einfahren der Heuernte oder die verfrühte Aussaat frostempfindlicher Pflanzen, konnten ganze Dorfgemeinschaften in Not bringen. Daher suchten die Menschen nach Zeichen, um das Wetter möglichst zuverlässig vorherzusagen:
„Fliegen die Schwalben hoch, so hält sich das schöne Wetter."
„Steigt der Rauch senkrecht in die Höhe, so bleibt es sonnig."
„Zieht es die Ameisen zurück in ihren Bau, so sollte man vielleicht auch das Vieh unterstellen."
Diese und andere Regeln wurden von Generation zu Generation weitergegeben, oft in leicht merkbarer Versform.

Hier eine kleine Auswahl an Bauernregeln:
- Wenn an Lichtmess die Sonne scheint, dauert der Winter noch lang.
- Regenbogen am Morgen, macht dem Schäfer Sorgen. Regenbogen am Abend, ist dem Schäfer labend.
- Dreht mehrmals sich der Wetterhahn, so zeigt er Sturm und Regen an.
- März trocken, April nass, Mai lustig von beiden was, bringt Korn in'n Sack und Wein ins Fass.
- Wenn die Bäume zweimal blühen, wird sich der Winter bis Mai hinziehen.
- Regnets sonntags über das Messbuch, so hat man die ganze Woch' genug.
- Wenn es im Märzen donnert, wird es im Winter schneien.
- Gewitter in der Vollmondzeit, verkünden Regen weit und breit.
- Je weißer die Schäfchen am Himmel gehn, je länger bleibt das Wetter schön.

❶ Wie sind die Bauernregeln aufgebaut? Erkennt ihr ein bestimmtes „Muster"?

❷ Die meisten dieser Sprüche kennen wir gar nicht mehr. Wie ist das zu erklären?

❸ Ist euch noch etwas aufgefallen? Wie funktionieren diese Regeln sprachlich, grammatikalisch?

I. Wie das Klima auf der Erde „gemacht" wird

10. Für zwischendurch: Von Hundstagen und Eisheiligen

Auch wenn uns die Bauernregeln nicht mehr vertraut sind, verschiedene Begriffe für einzelne Wetterperioden sind es doch noch. Zumindest geistern sie auch durch die Zeitungen und Wetterberichte. Wisst ihr, wo sie herkommen? Sonst gibt es ein heiteres Begrifferaten.

❶ Mit den „**Eisheiligen**" ist die letzte mögliche Kälteperiode mit Nachtfrostgefahr Mitte Mai gemeint. „Die Eisheiligen abwarten", sagen erfahrene Gärtner und empfehlen, mit dem Auspflanzen von Sommerblumen und der Aussaat von empfindlichen Samen bis Mitte Mai abzuwarten. Aber woher kommt der Begriff? Ihr könnt unter vier Antworten wählen. Achtung: nur eine ist richtig!

A	Die „Eisheiligen" heißen so, weil der Raureif die Pflanzen mit einem Glanz umgibt, der an einen Heiligenschein erinnert.	B	Das Eis galt in der germanischen Mythologie als heilig, weshalb der späte Frost besonders verehrt wurde.
C	Die „Eisheiligen" heißen so nach den Märtyrern Pankratius, Servatius und Bonifatius, deren Namenstage auf Mitte Mai fallen.	D	Man stellte sich vor, dass unfreundliche Götter für die Kälte verantwortlich seien, die man spöttisch als „Eisheilige" bezeichnete.

❷ Die „**Hundstage**" bezeichnen in Europa die heißeste Zeit des Hochsommers zwischen dem 23. Juli und dem 23. August. Die Bezeichnung stammt …

A	vom Sternbild „Großer Hund", das zu dieser Zeit wieder am Himmel erscheint.	B	daher, dass es an diesen Tagen so heiß ist, dass man nicht einmal einen Hund vor die Tür jagen mag.
C	aus der Volkssprache: Ähnlich wie mit dem Ausdruck „Hundswetter" wird damit schlechtes Wetter beschrieben.	D	daher, dass im Hochsommer besonders viele Welpen geboren werden.

❸ Die „**Schafskälte**" beschreibt in Mitteleuropa einen Kälteeinbruch, der in die Zeit um den 11. Juni fällt. Die Bezeichnung ist dadurch zu erklären, dass …

A	es oft so kalt ist, dass die Schafe, trotz ihrer Wolle, auf der Weide frieren.	B	die Bauern ihre Schafe erst nach diesem Datum scheren.
C	es oft so kalt ist, dass nur die Schafe in ihrem Pelz nicht frieren.	D	vom Sternbild des „Kleinen Lamms", das zu dieser Zeit am Himmel erscheint.

1. Wie das Klima auf der Erde „gemacht" wird

❹ Mit **„Altweibersommer"** meint man in Mitteleuropa warme Septembertage. Der Name leitet sich her aus …

A	dem Altdeutschen. „Weiben" bedeutet „knüpfen" und meint die in dieser Zeit häufig in der Natur zu beobachtenden Spinnweben.	B	der Tatsache, dass die milden Spätsommertage besonders für alte Frauen mit Kreislaufproblemen gut verträglich sind.
C	der Meinung, dass der Sommer im September nicht mehr jung ist.	D	der Tatsache, dass zu dieser Zeit besonders viele Früchte reifen. Früher sah man überall alte Frauen beim Obstsammeln.

❺ Dem **„Siebenschläfertag"** am 27. Juni wird große Bedeutung für das Wetter der kommenden sieben Wochen zugeschrieben. Der Name geht zurück auf …

A	das gleichnamige Nagetier, das etwa zu dieser Zeit seinen Winterschlaf beendet.	B	die Tatsache, dass das Wetter an diesem Tag meist so mies ist, dass man sieben Tage schlafen möchte.
C	die Tatsache, dass die kürzeste Nacht des Jahres auf den 20./21. Juni fällt und man früher in dieser Zeit sieben Tage nur gefeiert und kaum geschlafen hat.	D	eine uralte Legende: Im Jahre 251 retteten sich sieben Brüder als verfolgte Christen in Griechenland in eine Höhle. Erst 200 Jahre später wachten sie wieder auf.

Kapitel II: Was das Klima mit uns „macht"

1. Zur Einführung: Der Mensch als „Klimawesen"

Bevor du die Übungen dieses Kapitels bearbeitest, solltest du den Inhalt von Faktenkasten und Fragekasten kennen.

Was wir wissen: Faktenkasten

- ✓ Wir Menschen sind als Warmblüter ohne Fell und mit einem Gehirn, das ca. 40% unserer Nahrungsenergie benötigt, sehr stark auf regelmäßige Nahrungszufuhr angewiesen.
- ✓ Als Menschen können wir nur wenig Energie speichern und, im Gegensatz zu Kamelen, auch kein Wasser in unserem Körper „bunkern". Auch deshalb darf unsere Nahrungsversorgung nur für kurze Zeit (maximal einige Tage) unterbrochen werden.
- ✓ Menschen können ihren Körper nicht „auf Sparflamme schalten". Wir können weder in Winterschlaf noch in Hitzestarre verfallen. Daher sind wir von Temperaturschwankungen enorm bedroht.
- ✓ Kulturtechniken wie die Beherrschung des Feuers, der Bau von Häusern oder die Entwicklung der Landwirtschaft haben vor allem ein Ziel: Sie machen uns weniger anfällig für Klimaeinflüsse und sichern unsere Versorgung mit Nahrungsmitteln.

[Cartoon: Ein Mann liegt auf einer Liege am Strand, ein anderer gießt Wasser über ihn. Sprechblase: „ERWIN KANN SICH HALT SO SCHLECHT AN DAS URLAUBSKLIMA GEWÖHNEN"]

Was wir nicht genau wissen: Fragekasten

- ❓ Warum gelingt einigen Kulturen die Anpassung an die Herausforderungen des Klimas leichter als anderen?
- ❓ Was kann man tun, um Menschen dabei zu unterstützen, Klimaveränderungen besser „wegzustecken"?
- ❓ Wie viel Zeit bleibt uns, um unsere Lebensweise an Veränderungen anzupassen?

II. Was das Klima mit uns „macht"

2. Lebensformen und Klimazonen

Muss auch mal sein: eine Übung zum Wiederholen! Die passende „Füllung" für die Lücken findet ihr unten im Kasten.

Wo Menschen leben und wie Menschen leben, das wird auch heute noch maßgeblich durch das _____ bestimmt. Diese Tatsache haben bereits vor 2500 Jahren die _____ erkannt. Selbst der technische Fortschritt und die _____ haben die auch klimatisch bedingten Unterschiede menschlicher Lebensformen noch nicht ganz _____ können. Wissenschaftler unterscheiden zwischen fünf großen Klimazonen:

Die _____ sind so etwas wie der Wärmegürtel unserer Erde. Sie sind sehr reich an _____ und befinden sich nördlich und südlich des _____ zwischen dem nördlichen und südlichen _____. In Äquatornähe sind auf allen _____ ausgedehnte _____ typisch für diese Klimazone. Daran schließen sich im Norden und Süden sogenannte _____ - _____ an.

Besonders die Regenwälder sind überaus _____. Das bedeutet, dass etwa die Hälfte der weltweiten Tier- und Pflanzenarten dort beheimatet sind. Am Äquator herrscht das ganze Jahr über _____. Das heißt, dass es immer gegen 6 Uhr morgens hell und gegen 18 Uhr abends dunkel wird. Jahreszeiten, so wie wir sie kennen, gibt es in den Tropen nicht. In dieser Klimazone dauert die _____ 12 Monate. Das heißt, dass man ganzjährig pflanzen und ernten kann.

Die Subtropen befinden sich zwischen den Tropen im Süden und den gemäßigten _____. Es gibt sie sowohl im Norden wie auch im Süden unserer Erde.

11. Was das Klima mit uns „macht"

Typisch sind eine hohe Sommer- und eine mäßige Winterwärme. Die mittlere Jahrestemperatur liegt bei 20 Grad C. Auch hier kann das ganze Jahr hindurch _____ betrieben werden. Die _____ ist im Vergleich zu den Tropen relativ gering. Typisch sind lange _____ .

Deutschland liegt wie fast das gesamte _____ in den gemäßigten Breiten. Typisch für diese Klimazone ist, dass sich die Unterschiede zwischen Tag und Nacht mit den vier _____ ändern. Das heißt, im _____ - _____ sind die Tage kurz und im Sommer bleibt es lange hell. Die gemäßigten Breiten gibt es sowohl auf der _____ Halbkugel als auch auf der südlichen. Die _____ in den gemäßigten Zonen sind ausgeglichen. Landwirtschaft kann man aber nicht ganzjährig betreiben, denn im Winter sind die _____ und die Temperatur für das Pflanzenwachstum zu gering.

Die Polargebiete sind die _____ unserer Erde. Man unterscheidet zwischen der Region innerhalb des nördlichen _____ und dem Kontinent der Antarktis auf der _____ Halbkugel. Die Polargebiete zeichnen sind durch geringe Niederschläge und schwächere Sonneneinstrahlung aus. Im Sommer kennt man das Phänomen des sogenannten _____ , das heißt, die Sonne geht rund um die Uhr nicht unter. Im Winter ist das Gegenteil zu beobachten: Während der sogenannten _____ herrscht ganztägig Finsternis. Während in der Antarktis nie Menschen gesiedelt haben und auch heute dort nur einige Forscher leben, wurden Teile der nördlichen Polargebiete, wie z. B. _____ - _____ schon vor vielen Jahrhunderten von Menschen besiedelt.

✦ Klima ✦ Globalisierung ✦ Vegetationsperiode ✦ Polarkreises ✦
✦ Tag- und Nachtgleiche ✦ Landwirtschaft ✦ Polartages ✦ Artenvielfalt ✦
✦ Niederschlägen ✦ Sonneneinstrahlung ✦ Trockenzeiten ✦ Wendekreis ✦
✦ Feuchtsavannen ✦ Äquators ✦ Kontinenten ✦ Zonen ✦ Niederschläge ✦ südlichen ✦
✦ alten Griechen ✦ Polarnacht ✦ Tropen ✦ nördlichen ✦ Jahreszeiten ✦
✦ artenreich ✦ Winter ✦ beseitigen ✦ Grönland ✦ Kältewüsten ✦ Regenwälder ✦ Europa ✦

II. Was das Klima mit uns „macht"

3. Wo reisten sie denn?

Schriftsteller, Wissenschaftler und Journalisten haben viel über ihre Reisen geschrieben. Wo waren sie? Finde es heraus.

a) Lies zuerst den Inhalt des Lösungskastens.
b) Schau dir dann die Texte der Reisenden an und markiere Schlüsselwörter und Hinweise, die dir die Bestimmung der Klimazone erleichtern.
c) Schreibe dann bei jedem Text die dazugehörige Klimazone in den linken Kasten: 1 = Polarzone, 2 = Gemäßigte Zone, 3 = Subtropen und 4 = Tropen.
d) Schreibe unter jeden Text den Aufenthaltsort.
e) Wenn es nicht auf Anhieb klappt, kann ein Atlas helfen. Suche die in der Übung genannten Eigennamen im Register und dann auf den Karten.
f) Schließlich enthalten einige Texte auch Hinweise auf typische Pflanzen oder Tiere dieser Klimazone. Markiere die Namen und schlage sie z. B. in einem Lexikon nach.
g) Gibt es Texte, wo du dir mit der Zuordnung unsicher bist? Welche sind das? Begründe, warum du dich nicht entscheiden kannst.
h) Was meinst du, fühlen sich die Reisenden in ihrer ungewohnten Umgebung wohl? Wenn du der Ansicht bist, dass sie das neue Klima genießen, male in das zweite Kästchen unter dem Text ein ☺. Wenn Du glaubst, dass sie sich unwohl fühlen, dann zeichne ein ☹. Wenn der Text nichts darüber verrät, dann male ein „?".

✦ Südamerika: Brasilien ✦ Deutschland/Polen: Unteres Odertal ✦
✦ Russische Föderation: Jakutsk ✦ Südamerika: Amazonasgebiet ✦
✦ Antarktis ✦ Deutschland: Norderney ✦
✦ Nordamerika: Kanada/Hudson Bay ✦ Südamerika: Ecuador ✦
✦ Afrika: Ghana ✦ Russische Föderation: Workuta ✦
✦ Afrika: Ruanda ✦ Südostasien: Thailand ✦

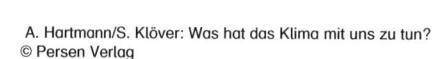

A. Hartmann/S. Klöver: Was hat das Klima mit uns zu tun?
© Persen Verlag

11. Was das Klima mit uns „macht"

A Kumasi liegt auf sanften Hügeln, eingebettet in Grün und Blumen. Es ist wie ein riesiger botanischer Garten, in dem man Menschen gestattet hat, sich anzusiedeln. Hier scheint alles dem Menschen entgegenzukommen – das Klima, die Vegetation, die anderen Menschen. Die Sonnenaufgänge sind von atemberaubender Schönheit, obwohl sie nur wenige Minuten dauern. Es ist Nacht, und aus dieser Nacht taucht mit einem Mal die Sonne. Sie taucht? Dieses Zeitwort suggeriert eine gewisse Langsamkeit, einen gewissen Prozess. Dabei wird sie von jemandem wie ein Ball nach oben geschleudert! Wir sehen sofort eine feurige Kugel vor uns, so nah, dass wir beinah Angst verspüren. Und noch dazu gleitet diese Kugel direkt auf uns zu.

Aufenthaltsort: _____

Schlüsselwörter: _____

B Harten Frost, erläutert sie dann, erkennt man daran, dass ein heller, schimmernder Nebel in der Luft schwebt. Wenn jemand kommt, entsteht in diesem Nebel so etwas wie ein Korridor. Dieser Korridor hat die Umrisse des Menschen, der durch den Nebel geht. Wenn am Morgen überhaupt keine Korridore zu sehen sind, die in Höhe und Größe den Schülern der Grundschule entsprechen, heißt das, dass der Unterricht wegen Kälte ausfällt und die Kinder zu Hause bleiben.

Aufenthaltsort: _____

Schlüsselwörter: _____

C Das Klima und die Vegetation der Insel werden durch den vorherrschenden Westwind geprägt. Die ursprüngliche Pflanzenwelt der Insel war sehr karg. Im Laufe der Jahrhunderte bildeten sich besonders im Westteil durch Wind große Dünenketten, die nach und nach von Pflanzen besiedelt wurden. Im Osten, wo es durch den Schutz der Dünen windstiller ist, blieb das Ländchen glatt. Ein großer Teil der Fläche kann wegen des hohen Salzgehalts nicht genutzt werden, nur wenige Weiden eignen sich daher zur Schaf- oder Rinderzucht. Durch Aufforstungen entstanden ab dem 18. Jahrhundert kleine Waldgebiete. Wegen der schönen langen Sandstrände ist die Insel seit dem 19. Jahrhundert ein beliebtes Ferienziel.

Aufenthaltsort: _____

Schlüsselwörter: _____

II. Was das Klima mit uns „macht"

D Wir sind nicht gemacht für diese Nächte. Wir entstammen der Zone der Dämmerung. Wir bedürfen der Übergänge, des Zwielichts, wir sind auf die Rhythmen des Lichts angewiesen, die unser Leben begleiten, einmal mit fahlem Sonnenschein zu Beginn des Herbstes, ein andermal mit harten Schatten wie im April. Aber dort, zwei Breitengrade südlich des Äquators, gewährt die Sonne keinen Spielraum. Die Nacht fällt wie ein Fallbeil, ohne Dämmerung, bloß ein kaum merkliches Torkeln der Sonne kündigt das Ende des Tages an. Die Natur dreht den Schalter um, kein Moment wird gestundet, und kein Zwielicht gestattet.

Aufenthaltsort: _____

Schlüsselwörter: _____

E Wenn man diese Strecke am Abend fliegt, erlebt man einen großartigen Kunstgenuss. Nachdem das Flugzeug eine Höhe von ein paar tausend Metern erreicht hat, gleitet es plötzlich hinter die Kulissen eines gigantischen kosmischen Theaters. Die Bühne ist nicht mehr zu sehen, sie versinkt irgendwo auf der Erde im Dunkeln. Wir sehen nur den vom Himmel wallenden Lichtvorhang. Ein leicht pastellfarbener Vorhang, ein paar hundert Kilometer hoch, in gelben und grünen Farbtönen: Nordlicht!

Aufenthaltsort: _____

Schlüsselwörter: _____

F Nachdem die Trapper einen langen, dunklen und bitterkalten Winter in ihrem Blockhaus verbracht hatten und kaum vor die Tür gegangen waren, freuten sie sich ungemein auf die warme Jahreszeit. Vom Frühling spürten sie jedoch kaum etwas: Nur das Jagen wurde auf den brüchigen Eisschollen immer gefährlicher. Der Sommer kam dann urplötzlich und brachte eine unendliche Vielzahl quälender Stechmücken mit sich. Wohin man auch blickte, die Luft war erfüllt von ihnen. Keine Minute gaben sie Ruhe, Tag und Nacht wurde man von ihrem Surren verfolgt. Sie auszuräuchern half nicht, denn Insekten können Rauch besser vertragen als Menschen.
Auch die Tiere litten unter den Mücken, die sie fast zum Wahnsinn trieben. Vögel sind zwar durch ihr Gefieder geschützt, doch die Mücken attackieren vor allem ihre Augen. Erst die Herbstfröste brachten dann wieder Ruhe vor den Plagegeistern.

Aufenthaltsort: _____

Schlüsselwörter: _____

II. Was das Klima mit uns „macht"

G Die Nächte wurden immer beschwerlicher, je näher wir der Gabelteilung kamen. Die Üppigkeit des Pflanzenwuchses steigerte sich in dem Grade, von dem man sich keinen Begriff macht, selbst wenn man mit dem Anblick der tropischen Wälder vertraut ist. Ein Gelände ist gar nicht mehr vorhanden; ein Pfahlwerk aus dicht belaubten Bäumen bildet das Flussufer. Gegen Sonnenuntergang fuhren wir zuweilen eine Stunde lang am Ufer hin, nicht um eine Lichtung (dergleichen gibt es gar nicht), sondern nur einen weniger dicht bewachsenen Fleck zu entdecken, um für zwölf bis dreizehn Personen ein Lager aufzuschlagen. Pater Zea, der sich bisher immer rühmte, er habe in seinen Missionen die größten und wildesten Mosquitos, gab nach und nach zu, nie ärger von Insektenstichen geschmerzt worden zu sein. Mitten im dicken Wald konnten wir uns nur mit Mühe Brennholz verschaffen, denn die Baumzweige sind so saftreich, dass sie fast nicht brennen. Wo es kein trockenes Ufer gibt, findet man auch so gut wie kein altes Holz, das an der Sonne gekocht ist.

Aufenthaltsort: _____

Schlüsselwörter: _____

_____

H Wie der Nil in Ägypten, so tritt auch der Menam allsommerlich aus seinen Ufern und überschwemmt das ganze Land. Wäre die Stadt auf dem Festland gebaut, so würde sie auch dann monatelang überflutet sein. Eine Überschwemmung aber ist bei schwimmenden Häusern nicht möglich. Die Meeresflut dringt den Menam aufwärts, unterwühlt die Ufer und würde dem Fundament gemauerter Häuser arg mitspielen. So aber steigt und fällt die ganze Stadt mit der Flut und die Einwohner kümmern sich darum ebenso wenig wie die Enten. Wollen sie Reis, die wohlschmeckenden Lotosblumen oder Gemüse, so legen sie von ihrem Haus eine Holzplanke ans nahe Ufer und holen sich ihren Bedarf vom Festland, das rings um die schwimmende Stadt nichts als Gärten und Reisfelder enthält.

Aufenthaltsort: _____

Schlüsselwörter: _____

_____

I Wir sind elf Kinder hier in der Schule, und im Dorf gibt es noch ein paar Jüngere, das Kleinste ist sieben Monate alt. Kontakt zum Kontinent halten wir über Telefon, aber wir müssen uns abwechseln mit allen anderen, denn es gibt nur zwei Leitungen. Hier ist ständig Winter. Wegen der tiefen Temperaturen müssen wir uns immer dick einpacken. Wenn ihr gerade Sommer habt, gibt es hier sehr viel Schnee, und der Tag dauert nur vier Stunden. Unsere Verwandten kommen leider nicht sehr oft, denn es ist ja so kompliziert. Es gibt ja keine festen Flugpläne, weil alles vom Wetter abhängt. Wir haben keine Freunde von anderen Stützpunkten, denn unsere Basis ist die einzige, auf der Familien leben. Alle, die hier sind, bleiben eine begrenzte Zeit. Höchstens zwei Jahre.

Aufenthaltsort: _____

Schlüsselwörter: _____

_____

II. Was das Klima mit uns „macht"

| J | Es war sehr gut, dass wir da umgekehrt waren; denn auf unserem Rückweg bekamen wir so viel Schnee, dass wir uns kaum zurechtfanden. Nur schlecht geschützt gegen die durchdringende Kälte dieser hohen Regionen, litten wir alle außerordentlich, besonders ich, dem vor ein paar Tagen ein Fall einen geschwollenen Fuß zugezogen hatte, auf diesem Weg, wo man jeden Fußtritt berechnen musste und alle Augenblicke an einen spitzen Stein stieß. Unser kurzer Aufenthalt in jener außerordentlichen Höhe war ganz traurig; Nebel umhüllten uns und ließen uns nur dann und wann die schrecklichen Abgründe erblicken, die uns umgaben; nicht ein einziges lebendes Wesen zeigte sich in diesen Höhen, obschon auf dem Antisana der Kondor noch über unsrem Haupte geschwebt hatte; kleine Moose waren die einzigen organischen Wesen, die uns daran erinnerten, dass wir uns noch auf der bewohnten Erde befanden. |

Aufenthaltsort: _____

Schlüsselwörter: _____

| K | Als Feuchtgebiet von internationaler Bedeutung steht die grenzüberschreitende Flusslandschaft schon seit 1980 unter Naturschutz. Die Hälfte davon wird im Winterhalbjahr überflutet. Zum Segen von Mensch und Natur: Die Überschwemmung der unbesiedelten Auen verhindert gefährliche Hochwasser weiter flussabwärts und sorgt auf natürliche Weise für die Klärung des belasteten Flusswassers. Und in der Auenlandschaft können seltene, weltweit vom Aussterben bedrohte Vogelarten wie Seggenrohrsänger und Wachtelkönig ungestört brüten. Das Hochwasser dauert meist von November bis April. Heute werden rund 80 Prozent des Nationalparks landwirtschaftlich genutzt. Im Jahre 2010 sollen es nur noch 50 Prozent sein. |

Aufenthaltsort: _____

Schlüsselwörter: _____

II. Was das Klima mit uns „macht"

4. Fern der Heimat

Auch ihr habt vielleicht interessante Beobachtungen über ein fernes Land und ein anderes Klima gemacht. Das würde uns jetzt interessieren.

Verfasst darüber einen kurzen Text und beantwortet dabei die Fragen:
a) Wart ihr schon einmal in einem Land oder kommt ihr aus einem Land, wo das Klima ganz anders ist?
b) Was ist euch in Bezug auf die Häuser, die Menschen, die Pflanzen, die Tiere aufgefallen?
c) Welches Klima gefällt euch? Wo würdet ihr gern leben? Warum? Was wären die klimatischen Vorteile, was die Nachteile?

Beispiel:
Ich bin in Westsibirien geboren. Der Winter dauert dort mindestens sechs Monate. In unserem Dorf lebten die meisten Menschen in Holzhäusern. Im Winter hatten wir oft 20 Grad Frost. Dafür war es im Sommer oft 30 Grad heiß. Kontinentales Klima eben. Weil der Sommer so kurz ist, wachsen bei uns z. B. keine Äpfel oder Birnen. In den Wäldern gibt es noch Wölfe und Bären. Ich habe gern dort gelebt und vermisse besonders den Schnee.

II. Was das Klima mit uns „macht"

5. Nicht ohne Lichtschutzfaktor: Der Weihnachtsmann macht Slip-Slap-Slop

❶ Lies den Text.

Australien, der Kontinent „down under", also von Europa aus betrachtet am „anderen Ende der Welt", wurde ab dem Ende des 18. Jahrhunderts von den Briten besiedelt. Und so sind viele der heutigen Sitten und Bräuche der Einwanderer nach wie vor vom winzigen „Mutterland" Großbritannien geprägt.

Am 24. Dezember kommt in vielen Familien der traditionelle englische Puter mit Plumpudding auf den Tisch. Spätestens mit der Ankunft einer deutschen Supermarktkette war vor einigen Jahren dann auch die flächendeckende Versorgung mit Lebkuchen gesichert. Aber damit enden die Gemeinsamkeiten mit europäischen Weihnachtstraditionen auch schon. DENN: Am ersten Weihnachtstag schwärmt man in Australien zum Picknick aus. Idealerweise sitzt man dann am Strand. Eine prima Gelegenheit, um Weihnachtsgeschenke wie z. B. Surfbrett oder Taucherbrille zu testen. Am zweiten Weihnachtstag brechen viele australische Familien in die Sommerferien auf. Rund um das Weihnachtsfest ist in Australien Hochsommer, Temperaturen von 35 Grad Celsius sind in Melbourne, Perth oder Adelaide keine Seltenheit.

Auch der Weihnachtsmann stellt sich darauf ein: An den Surf-Stränden von Sydney fährt er statt mit dem Rentierschlitten auf Wasserskiern vor. Zur Bescherung trägt er nur eine rote Badehose und einen langen weißen Nylonbart. Und natürlich Lichtschutzfaktor 30+. Eigentlich wäre der traditionelle rote Mantel für ihn noch besser. Denn die Sonneneinstrahlung in Australien ist nicht zuletzt aufgrund der dünnen Ozonschicht so intensiv, dass man ungeschützt sehr rasch einen Sonnenbrand bekommt. Besonders, wenn man wie der Weihnachtsmann hellhäutige Europäer zu seinen Vorfahren zählt.

Die Australier nehmen den Sonnenschutz seit etwa einem Vierteljahrhundert sehr ernst. Denn die Wahrscheinlichkeit, an Hautkrebs zu erkranken, ist nirgendwo auf der Erde so hoch wie hier. Das hat natürlich auch mit dem aus Sicht von Hautärzten leichtsinnigen Freizeitverhalten auf dem fünften Kontinent zu tun. Denn endlose Tage am Strand sind für die Haut purer Stress.

Zum Schutz der Bürger muss der Staat sich also etwas einfallen lassen. Auf Sonnenschutzmittel werden zum Beispiel keine Steuern erhoben, daher sind sie dort besonders billig. Denn ständiges Eincremen ist notwendig, sonst kann man einen Sonnenbrand gar nicht verhindern. Am besten man trägt zusätzlich zur Sonnenlotion mit hohem Lichtschutzfaktor ein T-Shirt über Badehose oder Bikini. Sonst wird man am Strand buchstäblich durchgebraten.

II. Was das Klima mit uns „macht"

Auch die Schuluniformen sind dem Klima angepasst: ohne Sonnenhut, Sonnenbrille und langärmeliges T-Shirt mit Kragen läuft niemand herum. Mit dem Slogan „Slip, Slap, Slop", das bedeutet *schlüpf* in ein Hemd, *klecks* dir Sonnencreme auf und *setz* eine Kappe *auf*, versuchen die Gesundheitsbehörden seit den 80er Jahren die Leute zu mehr Vorsicht im Umgang mit der Sonne zu erziehen. Mittlerweile mit Erfolg.

Also: Egal ob der Weihnachtsmann in Alice Springs, im heißen Zentrum des Kontinents, vom Rentier auf das Kamel umsteigt oder an der Küste auf Wasserskiern am Great Barrier Riff vorbeibraust: Ohne Sonnenschutz keine Bescherung!

❷ **Lies den Text noch einmal durch und kreuze dann die richtigen Antworten an.**

a) Der Kontinent Australien …

- A wird ausschließlich von Briten bewohnt.
- B wurde ab dem 18. Jahrhundert durch Großbritannien kolonisiert.
- C ist heute noch ein Teil Großbritanniens.

b) In Australien feiert man Weihnachten am Strand, weil …

- A das Sommerhalbjahr in die Monate November bis April fällt.
- B sich auf diesem Kontinent keine Weihnachtsbäume beschaffen lassen.
- C man wegen der großen Hitze auf feste Behausungen verzichtet.

c) In Australien fällt Weihnachten in die Sommerferien, weil …

- A Puter und Plumpudding bei Hitze einfach besser schmecken.
- B auf der Südhalbkugel Sommer herrscht, wenn bei uns Winter ist, und umgekehrt.
- C man seine Geschenke am Strand testen kann.

d) Lichtschutzfaktor 30+ bedeutet, …

- A dass die Sonnenmilch nur Menschen über 30 schützt.
- B dass man damit mindestens 30 Minuten ungeschützt in der Sonne liegen kann.
- C dass man mit der Sonnencreme 30-mal länger in der Sonne bleiben kann, als der Eigenschutz der Haut anhält.

II. Was das Klima mit uns „macht"

e) In Australien ist die Sonneneinstrahlung für die Menschen besonders gefährlich, weil …

- [A] der fünfte Kontinent auf der Südhalbkugel liegt.
- [B] man sich viel im Freien aufhält und zudem die schützende Ozonschicht hier sehr dünn ist.
- [C] wegen des vielen Wassers drumherum: Die Ozeane reflektieren und verstärken die Sonnenstrahlen.

f) Manche Weihnachtsmänner bekommen einen Sonnenbrand, weil …

- [A] sie ohne Sonnenschutz und nur in roter Badehose, Bart und Mütze bescheren.
- [B] sie für die Feiertage aus Europa angereist sind und das heiße Klima nicht gewohnt sind.
- [C] alte Männer eine sehr empfindliche Haut haben.

g) Verbesserter Sonnenschutz ist Teil der australischen Gesundheitspolitik, weil …

- [A] alle Australier hellhäutige britische Vorfahren haben und damit sehr leicht einen Sonnenbrand bekommen.
- [B] jedes Jahr mehr als 2 Millionen Menschen durch Sonnenbrand oder Hitzschlag krankgeschrieben werden.
- [C] in Australien mehr Menschen Hautkrebs bekommen als anderswo auf der Welt.

h) Auf Sonnencreme werden keine Steuern erhoben, weil …

- [A] die Politiker damit erreichen wollen, dass die Preise für die Menschen erschwinglich bleiben.
- [B] Australien ein Steuerparadies ist.
- [C] Kosmetik in Australien steuerfrei ist.

II. Was das Klima mit uns „macht"

6. Ursache und Wirkung

Kombiniere jeweils zwei Satzteile, sodass deutlich wird, welche Folgen das Klima für die menschliche Entwicklung hat. Nutze dazu die Informationen aus Übung 2 (S. 29) dieses Kapitels. Diskutiert eure Lösungen.

Achtung: Manchmal sind mehrere Antworten möglich.

① Wenn ein Lebensraum sich nicht für die Landwirtschaft eignet, …
② In vielen subtropischen Regionen herrschen lange Trockenperioden, …
③ In der Arktis ist Landwirtschaft nicht möglich, …
④ Am Äquator lebten in der Menschheitsgeschichte viele Völker als Jäger und Sammler, …
⑤ Wenn ein Gebiet über großen Artenreichtum verfügt, …
⑥ Nomaden sind von Wasserstellen abhängig, …
⑦ Hochkulturen wie die der alten Ägypter, der Maya oder Mesopotamiens sind nur dort möglich, …
⑧ Zwischen Nomadenvölkern und sesshaften Kulturen hat es in der Geschichte auch deshalb Konflikte gegeben, …
⑨ Die größten Städte der Welt liegen fast alle an Meeresküsten oder Flussufern, …
⑩ Die Wüstengebiete der Erde wachsen, …
⑪ An vielen Küsten wird Deichbau betrieben, …
⑫ Viele Wissenschaftler rechnen damit, dass Wasser in Zukunft auf der Erde noch knapper wird, …

A weil es zu kalt ist.
B dann ist es so etwas wie die genetische Schatzkammer der Welt.
C weil sie keine festen Siedlungen und damit auch keine Wasserspeicher anlegen.
D wo man die Wasserversorgung von Landwirtschaft und Bevölkerung sicherstellt.
E denn dort lässt sich besonders erfolgreich Handel treiben und Geld verdienen.
F weil der Mensch, z. B. durch die Umleitung von Flüssen, in den Wasserhaushalt eingegriffen hat.
G dann kann er vielleicht Nomaden ernähren.
H denn dort ist es besonders einfach, mit anderen Menschen Kontakte und kulturellen Austausch zu pflegen.
I weil eine wachsende Weltbevölkerung mit Trinkwasser und Lebensmitteln versorgt werden muss.
J weil der Bedarf in der Landwirtschaft, z. B. durch die Produktion von Biokraftstoffen, wachsen wird.
K dann bestreiten die Menschen ihr Leben als Jäger und Sammler.
L daher müssen die Menschen Wasserspeicher anlegen.
M um sich vor Sturmfluten zu schützen.
N weil man sich über die Landnutzung (Ackerflächen oder Weideflächen) nicht einigen konnte.
O weil man auf diese Weise neues fruchtbares Land gewinnen möchte.
P weil die Sonneneinstrahlung nicht ausreicht.
Q weil Gebiete mit spärlichem Pflanzenwuchs (z. B. von den Tieren der Nomaden) „überweidet", d. h. kahl gefressen werden.
R weil die Regenwälder das ganze Jahr über Früchte und Beutetiere bereithalten.

II. Was das Klima mit uns „macht"

7. Arm und reich auf der Erde verteilt

Die Vereinten Nationen (**U**nited **N**ations **O**rganisation = UNO) führen viele Statistiken. Auch darüber, wie sich Armut und Reichtum auf unserer Erde verteilen. Im Kasten findest du die derzeit zehn ärmsten Länder der Welt sowie (fett gedruckt) die zehn reichsten Länder der Welt.

❶ Schau im Atlas nach und ordne diese Länder dann durch Ankreuzen Klimazonen zu. Wenn die Länder in mehr als eine Zone fallen, dann mache mehr als ein Kreuz.

	Arktis	Gemäßigt	Subtropisch	Tropisch
Niger				
Sierra Leone				
Mali				
Burkina Faso				
Guinea Bissao				
Zentralafrikanische Republik				
Tschad				
Äthiopien				
Burundi				
Mozambique				
Norwegen				
Island				
Australien				
Irland				
Schweden				
Kanada				
Japan				
USA				
Schweiz				
Niederlande				

❷ Wenn du die Verteilung von Arm und Reich in der Tabelle erfasst hast, werte die Ergebnisse kurz aus.

a) Mir ist aufgefallen, dass …

b) Es ist möglich, dass …

c) Ich glaube, dass …

d) Ich bin überzeugt, dass …

II. Was das Klima mit uns „macht"

8. Die Hochkulturen und das Wasser: Vertrocknete die Maya-Kultur?

❶ **Lies den Text.**

Die Maya sind ein vorkolumbianisches Volk in Mittelamerika, das uns bis heute viele Rätsel aufgibt. Viele Wissenschaftler halten sie für die am höchsten entwickelte aller altamerikanischen Kulturen. Extrem genaue Kalender, ausgeklügelte Schriftsysteme, beeindruckende Bauwerke wie die Pyramiden von Yucatan: Eigentlich hatte man doch alles. Wieso ging die Maya-Kultur dennoch unter?

Durch archäologische Grabungen wissen wir, dass die meisten Maya-Städte bereits im 8. und 9. Jahrhundert aufgegeben worden waren. Daher fanden die Spanier bei ihrer Ankunft im 16. Jahrhundert nur noch die Reste ihrer Zivilisation vor.

Gerald Haug vom Geoforschungsinstitut Potsdam glaubt, dass die klassische Maya-Kultur an einer ausgedehnten Trockenperiode zugrunde gegangen ist. Haug und seine Forscherkollegen untersuchten Gesteinsproben und stellten fest, dass das Siedlungsgebiet der Maya um die Jahre 810, 860 und 910 von mehrjährigen Dürren heimgesucht worden war. Normalerweise zeichnete sich ihr Lebensraum durch regenreiche Sommer und trockene Winter aus. Um die Trockenzeit zu überbrücken, legten die Maya raffinierte Wasserspeicher-Systeme an.

Als die sommerlichen Regenfälle dann Anfang des 9. Jahrhunderts ausblieben, füllten sich die Wasserspeicher nicht und die vorher unter den günstigen klimatischen Bedingungen stark angewachsene Bevölkerung konnte nicht mehr ausreichend mit Nahrung versorgt werden. Vermutlich kam es als Folge der Nahrungsknappheit zu sozialen Unruhen, Kriegen und Abwanderung. Und die hoch entwickelten Siedlungen der Maya wurden nach und nach zu Geisterstädten.

Maya-Experten der Universität Bonn sind der Überzeugung, dass das extreme Bevölkerungswachstum in Kombination mit dem damit verbundenen Raubbau an den natürlichen Ressourcen sowie schlechte Regierungsführung die Gesellschaft an den Rand des Abgrunds gebracht haben. Mit anderen Worten: Ein Unglück kommt selten allein!

Gleichzeitig sind die Wissenschaftler aber davon überzeugt, dass mit Erfindungsgabe und Anpassungsstrategien viele Krisen und klimatische Herausforderungen zu meistern sind. Auch dafür gibt es nämlich auf der Erde viele Beispiele.

❷ **Wenn du den Text gelesen hast, kreuze die richtige Antwort an.**

a) „Vorkolumbianisch" bedeutet …
- **T** das Gegenteil von „hinterkolumbianisch".
- **G** in der Nähe des südamerikanischen Staates Kolumbien gelegen.
- **H** vor der Entdeckung Amerikas durch die Spanier im Jahre 1492.

b) Die berühmten Maya-Städte entwickelten sich …
- **E** zu Beginn des 20. Jahrhunderts.
- **O** in den ersten Jahrhunderten nach Christi Geburt.
- **I** bei Ankunft der Spanier, d. h. Ende des 15. Jahrhunderts.

11. Was das Klima mit uns „macht"

c) Die Maya waren …

- [D] ein nomadisierender Indianerstamm.
- [N] die Gründer einer mittelamerikanischen Hochkultur.
- [S] die Bewohner des südamerikanischen Berglands.

d) Als die Spanier Anfang des 16. Jahrhunderts Mittelamerika eroberten, …

- [P] zerstörten sie die Kultur der Maya.
- [D] fanden sie verlassene Städte vor.
- [B] sind sie in die leeren Häuser gezogen.

e) Die Gründe für den Untergang der Maya-Kultur …

- [A] sind lange bekannt.
- [O] liegen in ihren schlechten Wasserspeichern.
- [U] sind vielleicht auch in lang andauernden Dürren zu suchen.

f) Die Maya legten Wasserspeicher an, weil …

- [A] ihre Siedlungen sonst durch die starken Regenfälle überflutet worden wären.
- [R] sie Vorräte für die regenarme Jahreszeit sammeln mussten.
- [C] Wasser in ihrer Religion heilig war.

g) Unter natürlichen Ressourcen versteht man …

- [B] eine der Natur angepasste Lebensweise.
- [A] die „Vorräte" in der Natur, wie Boden, Wasser, Pflanzen- und Tierwelt, die der Mensch zu seiner Existenzsicherung braucht.
- [F] eine natürliche Lebensweise.

h) Bonner Maya-Experten glauben, dass …

- [L] die Mayas einfach Pech hatten und ihre Kultur deshalb unterging.
- [S] mehrere Ursachen zum Untergang der Kultur beitrugen. Wie z. B. ein zu starkes Bevölkerungswachstum, eine unfähige Regierung sowie ausbleibende Niederschläge.
- [W] man wenig gegen Klimakrisen tun kann.

❷ **Das Lösungswort nennt dir einen Staat Mittelamerikas, in dem die Nachfahren der Mayas noch heute leben:**

☐ ☐ ☐ ☐ ☐ ☐ ☐

II. Was das Klima mit uns „macht"

9. Angepasste Lebensweisen und verrückte Experimente: „Ich wollt, ich wär' unter dem Meer" – von Tulpen und Tomaten hinterm Deich

❶ **Lies den Text und markiere wichtige Textstellen.**

Über Jahrtausende mussten sich die Menschen ihrem Lebensraum optimal anpassen, um überleben zu können. Die alten Ägypter nutzten z. B. die fruchtbaren Überschwemmungsgebiete des Nil als Existenzgrundlage, während Küstenbewohner sich häufig von Fisch ernährten und das Meersalz gegen andere lebenswichtige Waren tauschten.

Man kann aber bisweilen auch erfolgreich sein, wenn man etwas „Verrücktes" tut. Das heißt, wenn man etwas ausprobiert, was eigentlich schiefgehen müsste. Seit mehreren Jahrhunderten zeigen uns das die Niederländer, die erfolgreich mit ihrem Lebensraum „experimentieren". Auf den ersten Blick sind die Ausgangsbedingungen wirklich nicht so toll:

Unser westlicher Nachbar zählt zu den am dichtesten besiedelten Staaten der Welt. Auf einen Quadratkilometer kommen etwa 484 Einwohner. Mehr als ein Viertel des niederländischen Staatsgebietes liegen unter dem Meeresspiegel, d. h., diese Gebiete würden bei jedem normalen Tidehochwasser zweimal täglich zwischen einem und sieben Meter tief unter Wasser stehen. Hinzu kommt, dass etwa 20 % der Landesfläche mit Wasser bedeckt sind.

Die Niederlande verfügen über keine nennenswerten Bodenschätze. Das Klima ist zwar gemäßigt, aber regenreich und oft windig. In der Vergangenheit hätte eine angepasste Lebensweise also z. B. bedeutet, dass die Menschen in Pfahlbauten leben und ihren Lebensunterhalt als Fischer und kleine Bauern bestreiten. Damit wären die Bewohner theoretisch kaum mehr als die „Armenhäusler" Europas. Sind sie aber nicht. Im Gegenteil: Die Niederlande zählen zu den wohlhabendsten Staaten der Erde.

Ein dortiges Sprichwort besagt: „Gott hat die Erde erschaffen, aber wir Niederländer haben die Niederlande erschaffen." Und der erste Akt der niederländischen Schöpfungsgeschichte begann vor etwa 1000 Jahren damit, dass man die flachen Buchten an der Küste mit Deichen verschloss. Diese dem Meer abgerungenen neuen Flächen bezeichnet man als „Polder". Mithilfe von Windmühlen hat man das Land dann entwässert. Bis heute muss ständig einsickerndes Wasser mit Pumpen ins Meer geleitet werden. Und auch die Deiche bedürfen andauernder Pflege und Erneuerung.

„Wir sitzen alle in Poldern." Das ist so etwas wie die Grundphilosophie der Niederlande. Denn es ist nicht so, dass die Reichen in Sicherheit oben auf den Deichen thronen, während die Armen unten auf dem Polder unter dem Meeresspiegel leben müssen. Wenn die Deiche brechen oder die Pumpen versagen, wie z. B. am 1. Februar 1953, als eine Sturmflut über die Provinz Zeeland hinwegfegte, ertrinken Reiche und Arme. Daher ist Umwelt- und Küstenschutz für alle überlebenswichtig.

Und wozu haben die Niederländer ihre Polder nun genutzt? Natürlich auch als Weidefläche für ihre Kühe, sonst gäbe es weder Gouda noch Edamer Käse in unseren Kühlregalen. Überraschender ist, dass in den holländischen Poldern Milliarden von Pflanzen gezogen werden, deren Heimat in den feuchten Tropen oder in den trocken-heißen Steppengebieten der Erde

11. Was das Klima mit uns „macht"

liegt. Die Urahnen von Tomaten, Paprika oder Gurken bewohnten die warmen Hügel Süd- und Mittelamerikas. Ihre Kindeskinder leben in gläsernen Massenquartieren unter dem Meeresspiegel. Etwa 20 % der Frischgemüseproduktion in der EU (= Europäische Union) gehen auf das Konto der flächenmäßig kleinen Niederlande.

Ein weiterer wichtiger Wirtschaftszweig ist die Blumenproduktion. An der Spitze stehen die weltberühmten niederländischen Tulpenzüchter. Diese Zierpflanze stammt aus den trockenen Ebenen Asiens. Doch seit die ersten Exemplare im 17. Jahrhundert nach Europa kamen, haben es die Niederländer geschafft, es ihnen in ihren Poldern so gemütlich zu machen, dass sie sich auch „unter dem Meeresspiegel" kräftig vermehren und zum Wohlstand des Landes beitragen.

Sprechblase im Cartoon: „DU WOLLTEST DOCH IMMER ANS WASSER IM URLAUB – JETZT FAHREN WIR EBEN NICHT HIN, SONDERN ES KOMMT ZU UNS."

❷ **Beantworte jetzt die folgenden Fragen.**

a) Gib das Adverb „optimal" mit eigenen Worten wieder:

b) Was bedeutet der Begriff „Tidehochwasser"?

c) Beschreibe mit eigenen Worten was ein Polder ist.

d) Kannst du erklären, was die Niederländer mit der Redensart „Wir sitzen alle in Poldern" zum Ausdruck bringen wollen?

e) Was haben die Niederländer mit unserem Speisezettel zu tun?

f) Welche Teile Deutschlands sind von Überflutungen bedroht? Nenne drei Beispiele für Hochwasser oder Sturmfluten. Wenn Du nicht weiterkommst, frage deine Eltern oder Großeltern.

g) Kennst du außer Tulpen noch andere Pflanzen oder Tiere, die aus anderen Klimazonen stammen, aber in Westeuropa erfolgreich gezüchtet und verkauft werden?

II. Was das Klima mit uns „macht"

10. Von Höhlen und Häusern: Klimabewusst wohnen

Bis weit ins 20. Jahrhundert haben die Menschen die Bauweise ihrer Häuser sehr stark an Umwelt und Klima angepasst. Daher gab es auf der Welt ganz unterschiedliche menschliche Wohnformen. Wir haben einige davon im linken Kasten erklärt. Viele traditionelle Bauten sind heute durch moderne Bauformen abgelöst worden.

❶ **Was gehört zusammen? Kombiniere Bauformen und Regionen/Bewohner**

↔

a) **Pfahlbauten** sind Häuser, die auf Stelzen stehen.	A Daher sind sie besonders in Skandinavien und Russland beliebt.
b) Schnee ist das alleinige Baumaterial für ein **Iglu**.	B Dies war in Europa lange Zeit eine beliebte Bauform für ärmere Menschen.
c) Luftgetrocknete **Lehmziegel** lassen sich ohne großen Aufwand herstellen.	C In den Überschwemmungsgebieten der asiatischen Küsten findet man sie heute noch häufig.
d) **Wigwams** aus Birkenrinde und Baumstämmen sind in holzreichen Gegenden eine prima Lösung.	D Die Nomaden der Mongolei oder Kirgistans wohnen noch heute in diesen Rundbauten.
e) **Blockhäuser**, die aus Baumstämmen, Moos und anderen Produkten des Waldes bestehen, bieten viel Schutz vor Kälte.	E Die Ureinwohner des brasilianischen Regenwalds bevorzugen diese luftigen Häuser.
f) In den baumarmen Steppen Asiens haben die Menschen ihre **Jurten** aus Filz und Stangen gebaut.	F Für die Waldindianer Nordamerikas war das ihre gewohnte Behausung.
g) **Ocas** nennt man rechteckige Bauten aus Stangen, die mit Palmblättern gedeckt sind.	G In den wärmeren Gebieten Asiens sind sie in ländlichen Gebieten daher immer noch häufig.
h) Wo es weder ausreichend Bauholz noch Ziegel gab, gruben/hackten sich Menschen **Wohnhöhlen** in die Hügel.	H In den Hafenstädten der Welt wurden sie zuerst gebaut.
i) Eine **Kate** ist ein Bauernhaus, wo Mensch und Tier auf engstem Raum zusammenleben. Die Wärme der Tierkörper war besonders im Winter willkommen.	I Daher findet man dieses Baumaterial besonders oft in heißen und trockenen Gegenden der Welt.
j) Zelte aus Tierhäuten und Stangen, die man sehr leicht transportieren kann, nennt man **Tipis**.	J Für die Völker der Arktis war dies sehr lange die häufigste Form der Unterkunft.
k) **Wolkenkratzer** entstanden vor allem dort aus Stahl und Beton, wo Bauland knapp und teuer war.	K Die Menschen in der chinesischen Provinz Xi'an machten aus der Not eine Tugend und leben teilweise noch heute darin.
l) Bambus wächst pro Monat bis zu 22 Meter und ist damit ein rasch nachwachsender Baustoff. **Bambushäuser** sind zudem sehr elastisch und bieten besseren Schutz bei Erdbeben als Steinhäuser.	L Die nordamerikanischen Prärieindianer konnten so leicht ihren Beutetieren nachziehen.

a	b	c	d	e	f	g	h	i	j	k	l

II. Was das Klima mit uns „macht"

11. „Was wäre wenn?"
Tropisches Trier und arktisches Aachen – ein Gedankenspiel

❶ **Diskutiert folgende Szenarien.**

a) **Erstes Szenario:**
   Eure Heimatstadt wird von Zauberhand über Nacht komplett an den Polarkreis versetzt. Was bedeutet das eigentlich konkret?
   ❖ Darüber sollt ihr in zwei Gruppen einmal intensiv nachdenken.
   ❖ Damit das flotter geht, haben wir wichtige Aspekte schon mal in Schachteln gepackt. Allerdings unsortiert. Eure Aufgabe ist nun, Ursache und Wirkung wie Perlen auf einer Schnur aneinanderzureihen. Ihr könnt dabei auch eigene „Gedankenperlen" einbauen.
   ❖ Zur Besprechung in der Klasse übertragt den Inhalt des Kastens auf bunte Kärtchen. Bitte nehmt pro Karte nur einen Gedanken. Präsentiert dann bitte eure Kärtchen-Ketten vor der Klasse.
   ❖ Eine Gruppe sollte die Vorteile und eine Gruppe die Nachteile präsentieren. Was überwiegt?

   Wenn unsere Heimatstadt über Nacht an den Polarkreis versetzt wird, dann ...

... hat man im Sommer „weiße Nächte" und im Winter fast kein Tageslicht. ... *herrschen im Winter Temperaturen von bis zu -30 Grad.* **... hat man eine Vegetationsperiode von etwa 90 Tagen.**
... *sind die Sommer sehr kurz und die Winter sehr lang.* **... liegt während der Wintermonate oft viel Schnee.** ... ist der Boden oft metertief gefroren. **... frieren Seen, Flüsse oder Häfen oft monatelang zu.**

---

11. Was das Klima mit uns „macht"

Daher/Deshalb …

> … sterben kälteempfindliche Bäume und Pflanzen ab. … **können nicht alle Tierarten überleben.** … *wandern Tier- und Pflanzenarten ein, die sich in dieser Klimazone wohl fühlen.* … müssen sich die Menschen besser gegen Kälte schützen. … kann in der Natur nichts gedeihen, was das ganze Jahr über viel Tageslicht braucht. … **kommt die Schifffahrt oft längere Zeit zum Erliegen.** … *kann man die Eisflächen prima nutzen.* … müssen die Menschen mehr Energie zum Heizen aufwenden. … *eignet sich die Stadt nun prima zum Wintersport.*

Das hat z. B. zur Folge, dass …

> … *Häuser auch aus Kostengründen besser isoliert werden.* … man nicht immer mit dem Rad zur Schule fahren kann. … **einige Menschen in den lichtarmen Wintermonaten depressiv werden.** … Sportarten wie Ski- und Schlittschuhlaufen an Beliebtheit gewinnen. … *unsere Gärten kaum noch Obstbäume und keine wärmeliebenden Pflanzen wie Zucchini beherbergen.* … viele Haus- und Nutztiere sich wesentlich kürzer im Freien aufhalten oder nur im Stall leben. … **wir uns vermutlich weniger im Freien aufhalten.** … *die meisten Lebensmittel aus dem Ausland eingeführt werden müssen.*

Beispiel: Wenn unsere Heimatstadt an den Polarkreis versetzt wird, dann fahre ich bestimmt nicht mehr mit dem Fahrrad zur Schule. Deshalb verkaufen meine Eltern unsere Räder bei ebay.

b) **Zweites Szenario:**
Unsere Heimatstadt/Dorf/Schule ist über Nacht in den feuchten Tropen unweit des Äquators gelandet.
Dieser zweite Teil der Übung ist anspruchsvoller: Jetzt müsst ihr die Kärtchen eurer Wirkungskette nach dem Muster der Polarkreis-Übung bitte selbst herstellen, bevor ihr sie logisch aneinanderfügt. Bitte denkt darüber nach, welche Auswirkungen sich ergeben für…
- die Wirtschaft,
- den Verkehr,
- die Pflanzen- und Tierwelt,
- die Gesundheit der Menschen,
- die Kultur,
- eure Hobbys, das Familienleben, eure Jobperspektiven etc.

Kapitel III: Macht der Mensch das Klima?

1. Zur Einführung: Macher Mensch und Klimamacht

Bevor du die Übungen dieses Kapitels bearbeitest, solltest du den Inhalt von Faktenkasten und Fragekasten kennen.

Was wir wissen: Faktenkasten

- ✓ Die globale Durchschnittstemperatur hat sich seit 1900 um etwa 0,7°C erhöht, in Deutschland sogar um 0,9°C.
- ✓ Die zehn wärmsten Jahre seit Beginn der Temperaturaufzeichnungen im Jahre 1861 fallen alle in die Zeit nach 1995.
- ✓ Seit Beginn der Industrialisierung in Europa um ca. 1780 und der damit verbundenen Verbrennung fossiler Rohstoffe (besonders Kohle und Öl) sind mehr Treibhausgase in die Atmosphäre gepustet worden, als jemals zuvor in der Geschichte der Erde. Die Konzentration dieser Klimagase beschleunigt sich.
- ✓ Die meisten Forscher sind überzeugt: Die Rodung der großen Wälder beschleunigt ebenfalls die Erderwärmung.
- ✓ Ein Überblick der Jahre 1950 bis 2005 zeigt, dass große wetterbedingte Naturkatastrophen und damit auch volkswirtschaftliche Schäden massiv zugenommen haben.
- ✓ Die Erde ist ein unruhiger Planet: Auch zuvor hat es schon warme Phasen gegeben, z. B. in Island und Nordamerika um das Jahr 1100. In dieser Zeit lagen die Temperaturen um 1 bis 1,5°C höher, was die Besiedlung Grönlands durch die Wikinger ermöglichte.
- ✓ Die Erwärmung der Erde wird sich im 21. Jahrhundert fortsetzen.
- ✓ Nicht alle negativen Erscheinungen haben mit der globalen Klimaerwärmung zu tun. Viele, wie das Austrocknen des Aralsees oder des Tschad-Sees, sind Folgen menschlicher Übernutzung durch Umleitung von Wasser für die Landwirtschaft oder einen zu hohen Nutztierbestand.

Was wir nicht genau wissen: Fragekasten

- ? Wie hoch wird die Erderwärmung im 21. Jahrhundert ausfallen?
- ? Wie hoch genau ist der Anteil des Menschen an der Erderwärmung?
- ? Kann die Menschheit den Prozess der Klimaerwärmung noch aufhalten oder wenigstens verlangsamen?
- ? Welche Lösungsansätze bringen rasch einen messbaren Erfolg?
- ? Wie lange würde es dauern, bis die vom Menschen verursachten Klimafolgen neutralisiert oder beherrschbar sind?
- ? Wie passen wir uns am besten an, ohne dass unsere Wirtschaft und Zivilisation Schaden nehmen?
- ? Wie vermeidet man internationale Interessenskonflikte? Z. B. zwischen den alten Industriestaaten und den bevölkerungsreichen Ländern des Südens?
- ? Welche Eingriffe in die Landnutzung führen zu welchen Klimakonsequenzen?

III. Macht der Mensch das Klima?

2. Passt der Mensch auf die Erde?

Auch wenn große Länder wie Indien und China aufholen: Die meisten Treibhausgase werden immer noch in den alten Industriestaaten Europas, Asiens und Nordamerikas verursacht. Würden die mehr als sechs Milliarden Menschen auf der Erde ähnlich leben wie wir in Deutschland, dann bräuchten wir etwa vier Planeten. Die haben wir aber nicht. Daher gibt's nur eins: Wir müssen unser Verhalten ändern. Ein erster Schritt in diese Richtung: Sich informieren!

❶ Einige Organisationen haben im Internet informative Fragebögen hinterlegt. Damit kannst du deinen ökologischen Fußabdruck berechnen. Und du erfährst, was du selbst tun kannst, um die Umwelt und das Klima zu schützen. Suche dir zwei der folgenden Internetseiten aus und bearbeite die dort hinterlegten Fragebögen. Drucke die Ergebnisse aus.

www.mycarbonfootprint.eu/de
www.footprint.ch
www.umweltbundesamt.de/klimaschutz/index.htm
(dort auf CO_2-Rechner klicken)
www.fussabdruck.at
www.latschlatsch.de
www.earthday.net/Footprint/info.asp
www.myfootprint.org
www.footprint.at
www.mein-fussabdruck.at

❷ Fasse die Resultate dann mithilfe folgender Leitfragen zusammen:

a) Wenn alle so lebten wie ich, bräuchten wir _____ Planeten.

b) Besonders überrascht hat mich, dass _____

c) Beim Vergleich der Ergebnisse beider Fragebögen fiel mir auf, dass _____

d) Ich glaube schon, dass ich künftig umweltfreundlicher leben könnte, wenn ich _____

e) Es fällt mir schwer, mein Verhalten zu ändern, weil _____

III. Macht der Mensch das Klima?

3. Klimagase – die Motoren des Treibhauseffektes

In Übung 2 haben wir den Begriff Treibhausgase (THG) eingeführt. Als Klimagase oder Treibhausgase (THG) werden die Gase bezeichnet, die wesentlich zum Treibhauseffekt beitragen und damit für die Klimadiskussion eine zentrale Rolle spielen.

THG lassen die kurzwellige Sonnenstrahlung nahezu ungehindert durch die Atmosphäre zur Erdoberfläche passieren. Gleichzeitig halten sie die langwellige Wärmestrahlung der Erdoberfläche und der Atmosphäre wie eine Decke fest. Dadurch wird die Atmosphäre in Bodennähe erwärmt.

Das Kyoto-Protokoll (2005) der Vereinten Nationen sieht vor, die Erderwärmung vor allem durch eine Reduzierung der THG zu begrenzen. Sechs verschiedene THG-Gruppen stehen dabei im Vordergrund.

❶ **Wir haben diese sechs THG in Ballons abgefüllt. Informiere dich mithilfe von Nachschlagewerken oder des Internets über die Eigenschaften dieser Gase.**

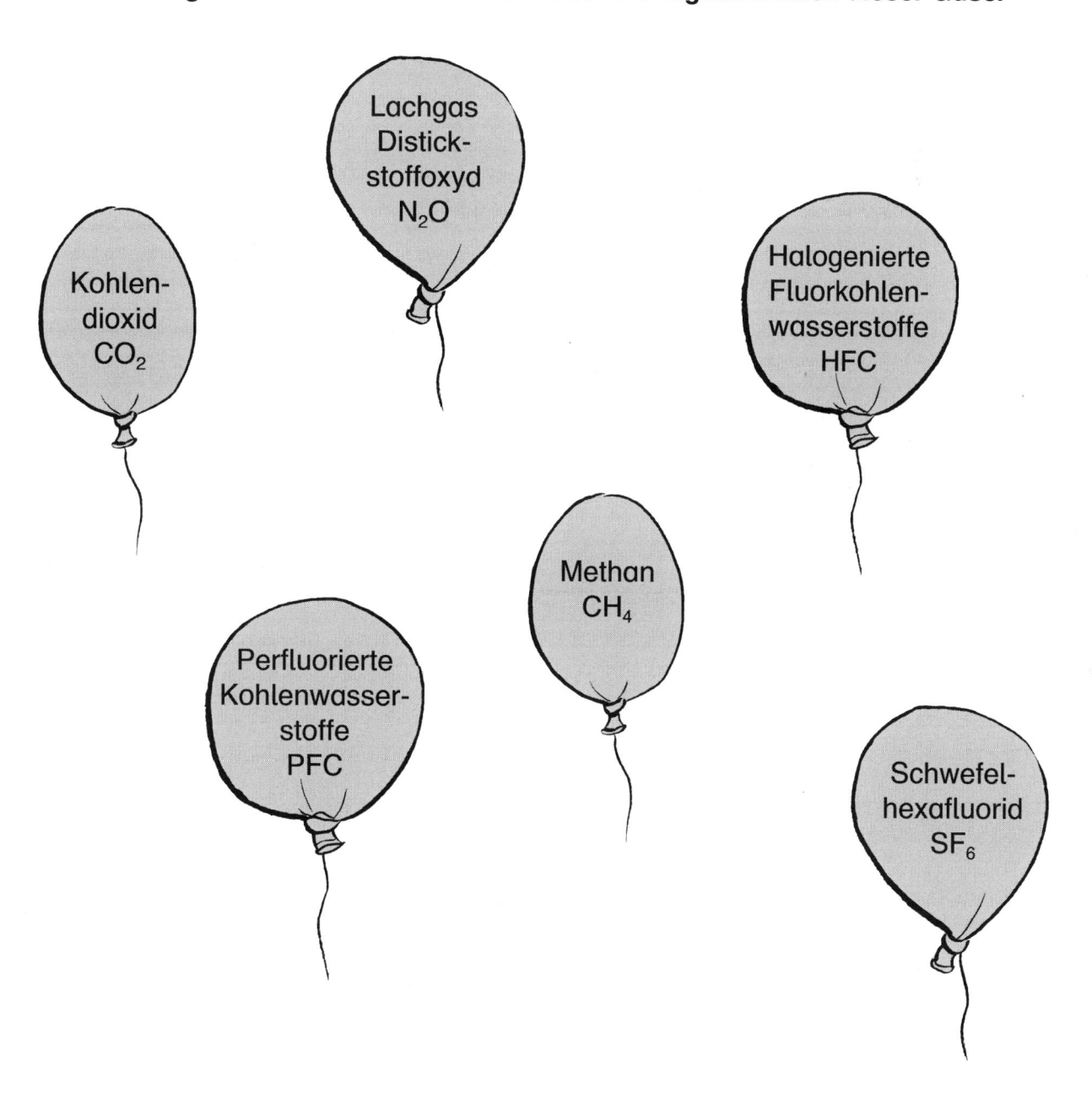

- Kohlendioxid CO_2
- Lachgas Distickstoffoxyd N_2O
- Halogenierte Fluorkohlenwasserstoffe HFC
- Perfluorierte Kohlenwasserstoffe PFC
- Methan CH_4
- Schwefelhexafluorid SF_6

III. Macht der Mensch das Klima?

❷ Kannst du die THG-Ballons mittels Bleistiftschnüren mit ihren Quellen verbinden?

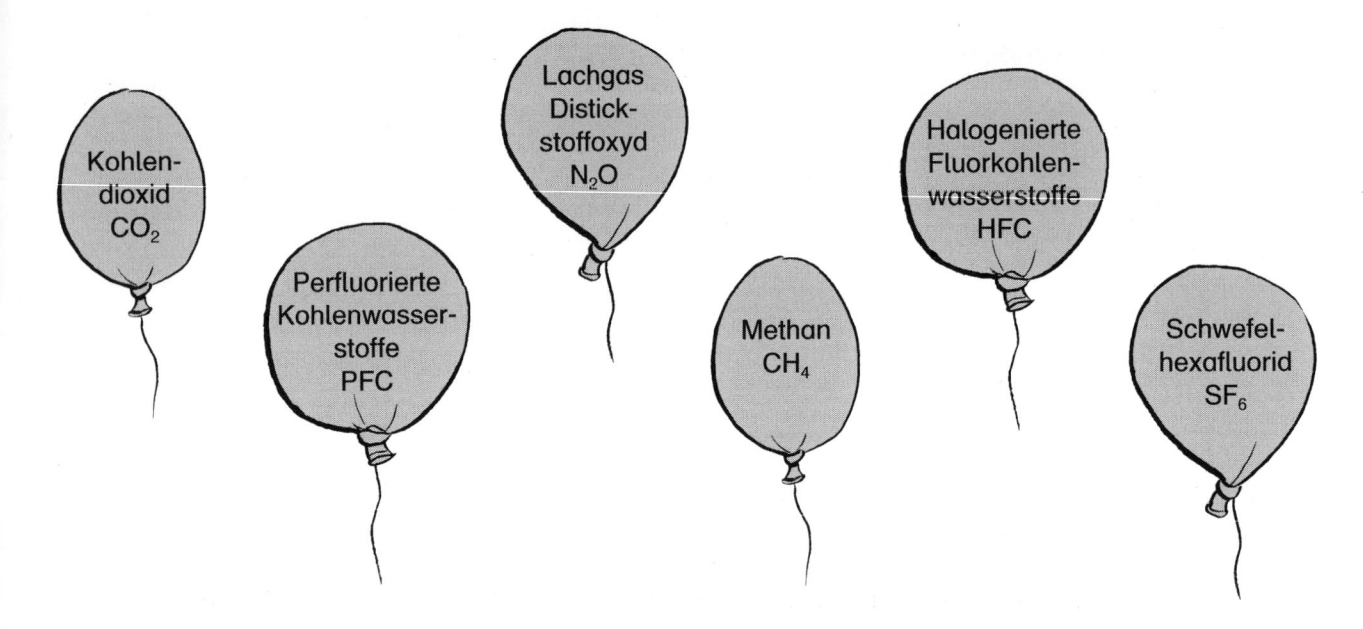

Kohlendioxid CO_2

Perfluorierte Kohlenwasserstoffe PFC

Lachgas Distickstoffoxyd N_2O

Methan CH_4

Halogenierte Fluorkohlenwasserstoffe HFC

Schwefelhexafluorid SF_6

Entsteht als natürliche Verbindung von Sauerstoff und Kohlenstoff bei allen Lebensprozessen. Gelangt durch die Verbrennung von Kohle, Öl und Gas in Kraftwerken, Heizungen, Autos und Flugzeugen sowie durch Waldbrände in die Atmosphäre.

Entsteht bei der Zersetzung organischer Stoffe unter Sauerstoffabschluss, z. B. bei Verdauungsprozessen von Kühen, beim Reisanbau, in Mülldeponien oder in Sümpfen. Dieses Gas wird auch bei der Förderung von Steinkohle, Öl oder Gas freigesetzt.

Ursache sind bakterielle Prozesse in Böden und Ozeanen. Intensive Landwirtschaft mit verstärktem Kunstdüngereinsatz hat zu einem immensen Anstieg der Emissionen geführt.

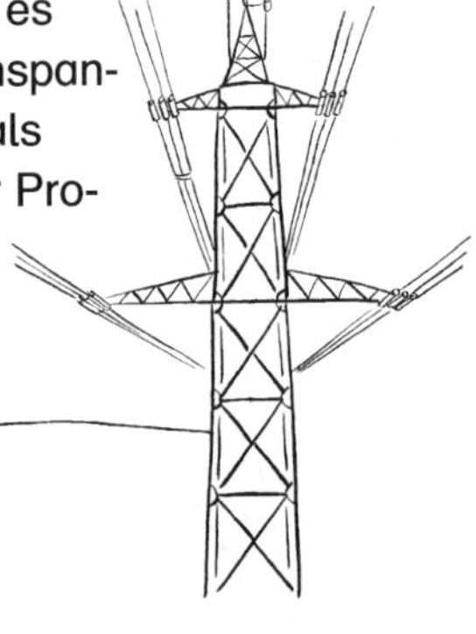

Dieses THG entsteht vor allem bei der Aluminium-Produktion.

Dieses Gas wird als Kühlmittel sowie als Treibsubstanz in Spraydosen eingesetzt.

Das stärkste bekannte THG: 1 kg dieses Gases ist genauso schädlich wie 23 900 kg CO_2. Eingesetzt wird es vor allem in der Hochspannungstechnik sowie als Schaummittel bei der Produktion von Schallschutzfenstern.

III. Macht der Mensch das Klima?

4. Brauner Dunst: die Kuhfladen und das Klima

Der englische Journalist Fred Pearce schildert aktuelle Reiseeindrücke aus Indien.

❶ Lies den Text.

Seit 20 Jahren reise ich immer wieder nach Indien. Nicht regelmäßig, aber oft genug, um zu bemerken, dass die Luft jedes Mal mehr von schwarzem Rauch und Abgasen geschwängert ist. In den Städten stammen sie zum Großteil aus den Auspuffen von Millionen heruntergekommener Busse mit Dieselmotoren und Zweitakter-Rikschas, die sich durch die verstopften Straßen quälen. Außerdem enthält der Dunst Meersalz und Mineralstaub, einen nicht unerheblichen Anteil Asche und Schwefeloxid aus den indischen Kohlekraftwerken sowie riesige Mengen organisches Material und Ruß vom Land. Denn in Indiens Millionen Dörfern, in denen immer noch ein Großteil seiner über eine Milliarde zählenden Bevölkerung lebt, ist die Luft oft kaum besser als in den Städten. Täglich zieht der Rauch von 100 Millionen Kochstellen, die mit Holz, getrocknetem Kuhdung und Pflanzenresten befeuert werden, über das Land.

Dieser Rauch wird zunehmend zu einem wichtigen Klimafaktor. Er vereinigt sich zu einer einzigen riesigen Wolke, die von den Klimaforschern Indiens „brauner Dunst" genannt wird. Ihr Mittelpunkt befindet sich über der nordindischen Tiefebene, einer der am dichtesten bevölkerten Regionen der Erde, die in den Wintermonaten fast ununterbrochen unter einer Smogglocke liegt. Es ist eine gigantische Version des Londoner „Erbsensuppennebels", der sich zu einer Zeit über die Stadt breitete, als man in England noch mit Kohlefeuern heizte.

Einige Wissenschaftler vertreten die Meinung, dass der „Erbsensuppennebel" die Sonneneinstrahlung verringert und damit im Winter zu einer Abkühlung von etwa 0,5 Grad führe. Diese Abkühlung wiederum könnte auf Dauer im Sommer die Aufheizung der Landfläche verzögern. Normalerweise heizt sich im Sommer das Land nämlich schneller auf als die Ozeane. Dadurch kehrt sich die Windrichtung um, sodass feuchte Winde vom Ozean Richtung Land strömen. Der Monsun, auf den alle neun Monate gewartet haben!

Für ein Land, das wie seine Nachbarn voll und ganz von den Niederschlägen der hundert Monsuntage im Jahr abhängig ist, wäre eine Verzögerung oder gar der Zusammenbruch des Monsuns eine Katastrophe.
Denn auf dem gesamten Kontinent treten zur Regenzeit Flüsse über die Ufer, füllen sich Bewässerungskanäle und Wasserspeicher. Und die Reisbauern nutzen die Gelegenheit und bauen die Pflanze an, die bis heute für die Hälfte der Weltbevölkerung Grundnahrungsmittel ist.

III. Macht der Mensch das Klima?

❷ Gerade in der Klimaforschung sind **Ursache** und **Wirkung** sehr schwer festzustellen. Das liegt vor allem daran, dass das Klimasystem so komplex ist und man noch nicht alle seine Geheimnisse kennt. Unabhängig davon, ob der Erbsensuppennebel jetzt wirklich den Monsun gefährdet:
Deine Aufgabe ist es, die Argumentationskette von Fred Pearce noch einmal nachzubauen. Sozusagen vom Kuhfladen bis zum Reiskorn.

Tipp: Das gelingt am besten, wenn du wichtige Informationen im Text unterstreichst. Trage dann Ursachen und Wirkungen in die durch Pfeile verbundenen Felder ein. Du solltest mindestens sechs, aber höchstens 12 Felder deiner Argumentationskette beschriften.

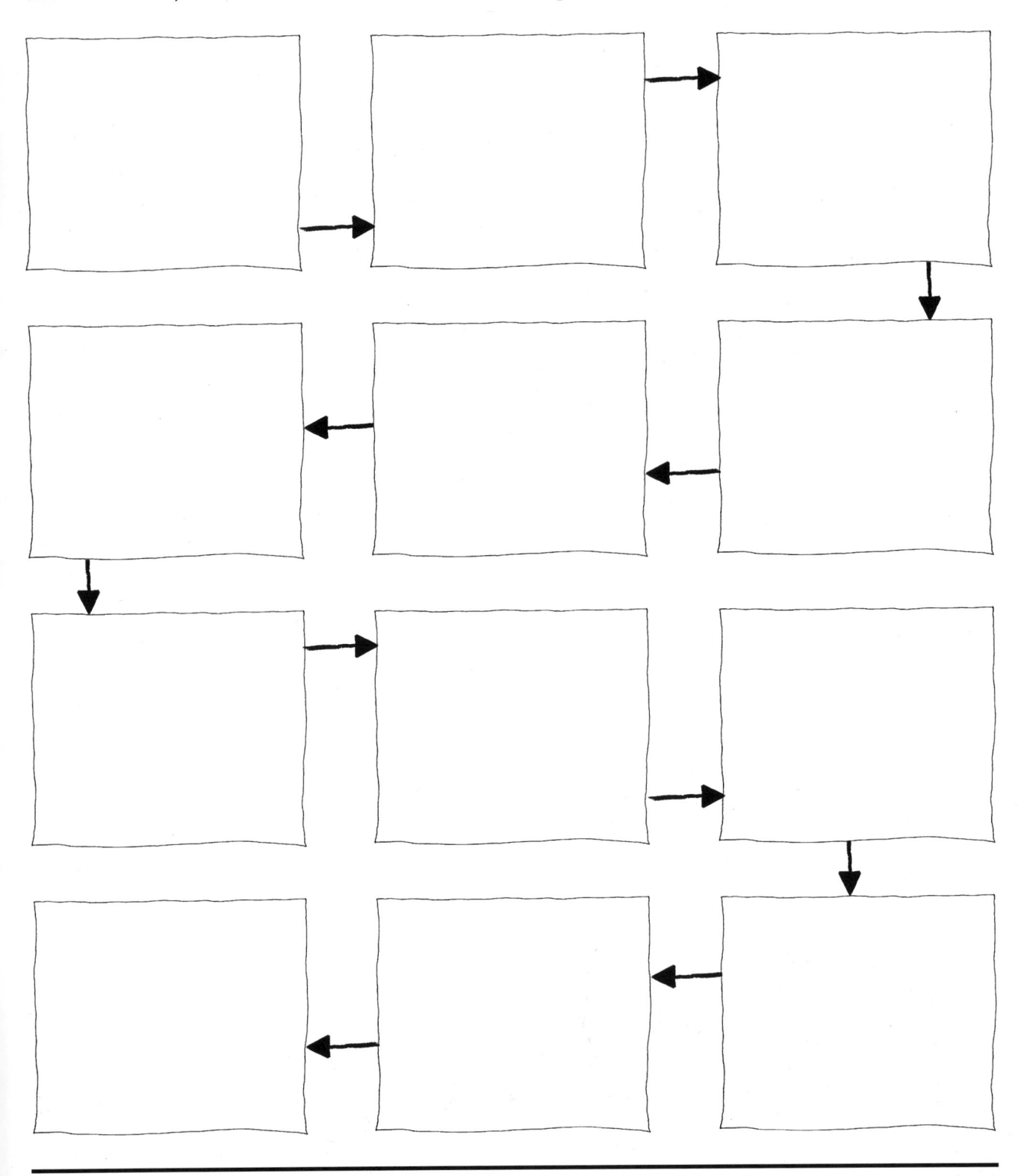

III. Macht der Mensch das Klima?

5. Auf großem Fuß: Der ökologische Abdruck einer Banane

Viele denken beim Umwelt- und Klimaschutz zuerst an Industrie und Verkehr. Dabei zählt die Landwirtschaft weltweit zu den größten Verursachern von Treibhausgasemissionen. Jeder Mensch in Deutschland verzehrt pro Jahr statistisch gesehen mehr als 10 Kilogramm Bananen. Grund genug, in dieser Übung am Beispiel des Bananenhandels einmal nachzuvollziehen, was die „Affenkoteletts" mit Treibhausgasen zu tun haben.

❶ Zum Einstieg solltest du dir Gedanken über die Produktionskette machen.

a) Die einzelnen Arbeitsschritte findest du in dem „Bananencontainer", wo sie beim Transport etwas durcheinander geraten sind.

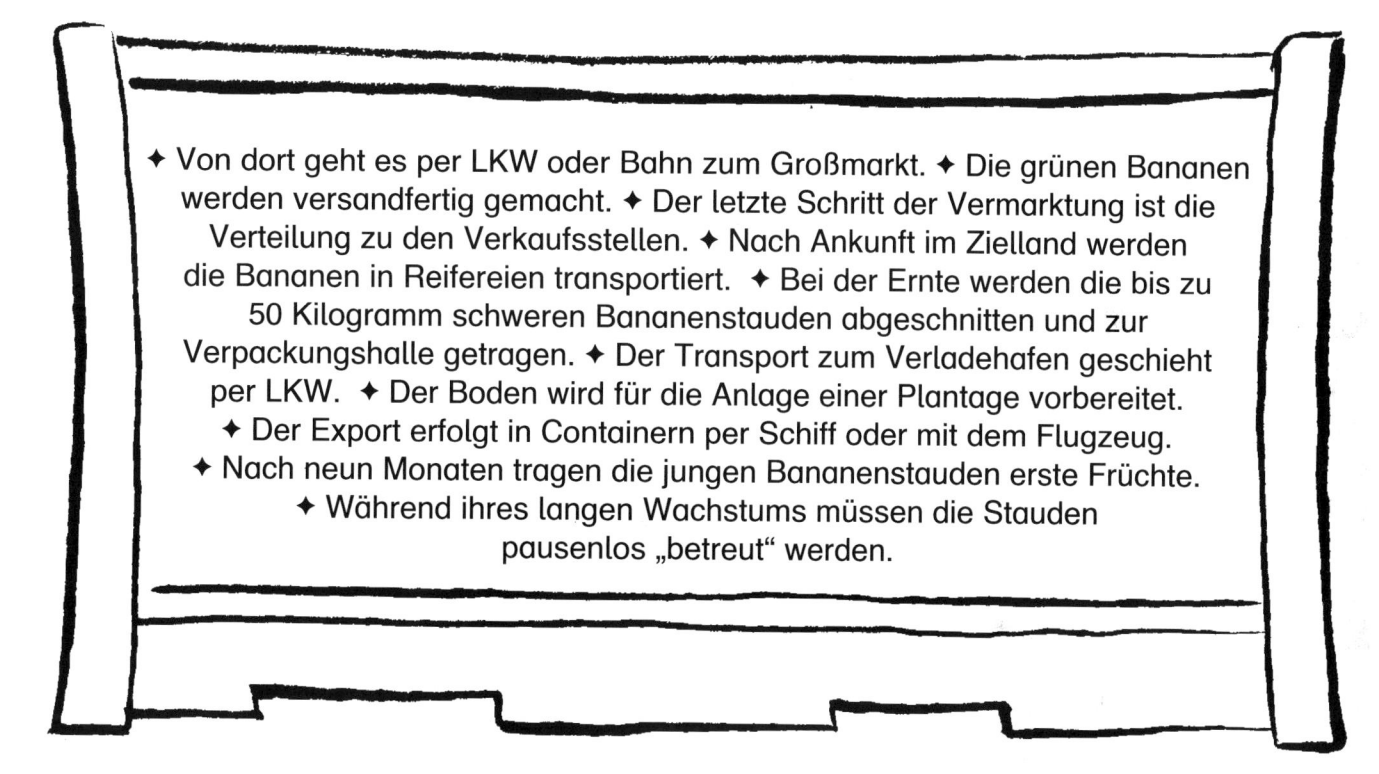

> ✦ Von dort geht es per LKW oder Bahn zum Großmarkt. ✦ Die grünen Bananen werden versandfertig gemacht. ✦ Der letzte Schritt der Vermarktung ist die Verteilung zu den Verkaufsstellen. ✦ Nach Ankunft im Zielland werden die Bananen in Reifereien transportiert. ✦ Bei der Ernte werden die bis zu 50 Kilogramm schweren Bananenstauden abgeschnitten und zur Verpackungshalle getragen. ✦ Der Transport zum Verladehafen geschieht per LKW. ✦ Der Boden wird für die Anlage einer Plantage vorbereitet. ✦ Der Export erfolgt in Containern per Schiff oder mit dem Flugzeug. ✦ Nach neun Monaten tragen die jungen Bananenstauden erste Früchte. ✦ Während ihres langen Wachstums müssen die Stauden pausenlos „betreut" werden.

b) Bringe die Produktionskette nun in die richtige Reihenfolge, indem du die einzelnen Schritte durchnummeriert auf das Arbeitsblatt schreibst.

	Arbeitsschritte
1	
2	
3	
4	
5	
6	
7	
8	
9	
10	

III. Macht der Mensch das Klima?

❷ Um zu beurteilen, wie umweltschädlich die Bananenproduktion ist, solltest du die einzelnen Produktionsschritte noch einmal genauer betrachten.

a) Lies zunächst den unsortierten Text.
b) Auch diese Schritte werden in eine Tabelle übertragen. Achte dabei auf die richtige Reihenfolge!
c) Vergleicht eure Ergebnisse untereinander.
d) Überlegt nun gemeinsam für jeden der 21 Schritte, ob dort Treibhausgase entstehen oder nicht.
Nutzt die letzte Spalte der Tabelle, um mit Symbolen die Klimafreundlichkeit darzustellen. Wenn ihr der Überzeugung seid, dass der Arbeitsschritt klimafreundlich oder klimaneutral ist, dann wählt ein ☺. Haltet ihr ihn für klimaschädlich, notiert ein ☹. Wenn ihr es nicht genau wisst, dann tragt ein „?" ein.

✦ Vom Hafen werden die Bananen per LKW zum Reifen in große Lagerhallen gebracht. ✦ Pilzerkrankungen der Staude werden durch Spritzmittel verhindert, die meistens durch Flugzeuge aus der Luft versprüht werden. ✦ Die gewaschenen Banane werden in Kartons verpackt. ✦ Brandrodung von tropischem Regenwald ✦ Transport per Schiff oder Flugzeug bei einer „Stillhaltetemperatur" von 13,5 Grad Celsius ✦ Einzelhändler kaufen die Bananen im Großmarkt und bringen sie mit dem LKW zur Verkaufsstelle. ✦ Die von Hand geernteten Büschel landen dann per Seilbahn in der Packstation. ✦ Der Boden wird mit Düngemitteln fruchtbar gehalten. ✦ Erhöhung der Temperatur und Besprühen der Bananen mit dem Pflanzenhormon Ethylen. Der Reifungsprozess dauert mindestens 8 Tage. ✦ Der Boden wird gepflügt und von Bewässerungsgräben durchzogen. ✦ Zum Schutz vor Insekten werden die Stauden nach der Blüte mit Plastiksäcken überzogen. ✦ In der Packerei werden die Bananen sortiert, unbrauchbare Früchte landen auf dem Müll. ✦ Die Containerschiffe werden am Ankunftsort mit Kränen entladen. ✦ Die Büschel werden geerntet, Plastikumhüllungen, Seile und der nach der Ernte umgehackte Stamm der Staude landen auf dem Müll. ✦ Die Lagerung beim Großhändler erfolgt in gekühlten Hallen. ✦ Unkraut und Bodenschädlinge werden durch Pestizide bekämpft. ✦ Dem Waschwasser sind Tiabendazol und Aluminiumsulfat beigegeben, damit die Früchte auf dem Transport nicht verderben. ✦ Aus der Packerei werden die Kartons auf LKW verladen. ✦ Die Ernte erfolgt größtenteils von Hand, da die Früchte sehr druckempfindlich sind. ✦ Im Exporthafen beladen Kräne die Containerschiffe. ✦ Nach dem Reifungsprozess gelangen die Bananen per LKW zum Großhändler.

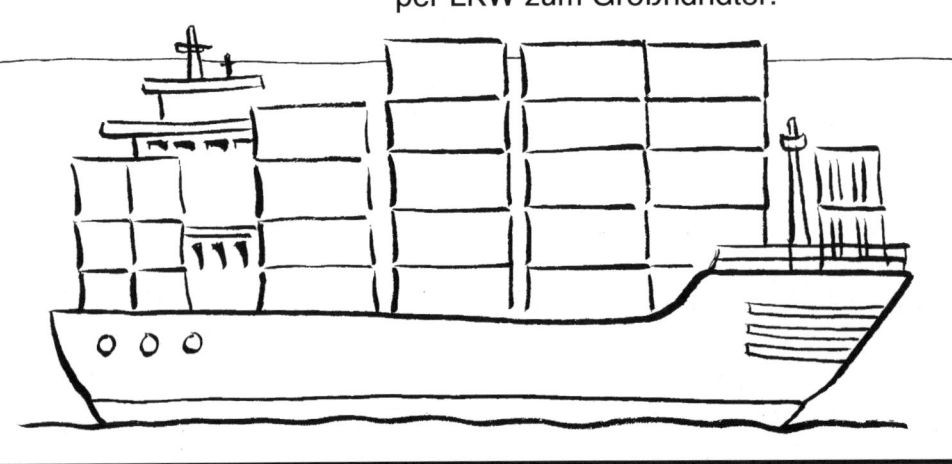

III. Macht der Mensch das Klima?

Tabelle zu Aufgabe ❷ b:

Nr.	Arbeitschritte der Bananenproduktion im Detail	Folgen/Umwelt
1	Anbau	
	1.1	
	1.2	
	1.3	
	1.4	
	1.5	
	1.6	
2	Ernte	
	2.1	
	2.2	
	2.3	
3	Packstation	
	3.1	
	3.2	
	3.3	
	3.4	
4	Exporthafen	
	4.1	
5	Transport	
	5.1	
6	Importhafen	
	6.1	
	6.2	
7	Reiferei	
	7.1	
	7.2	
8	Großhandel	
	8.1	
9	Einzelhandel	
	9.1	

❸ Man kann die Bananenproduktion natürlich nicht allein aus Klimaaspekten beleuchten. Bildet drei Gruppen und nehmt euch die große Tabelle mit den 21 Produktionsschritten noch einmal vor. Präsentiert eure Ergebnisse.

a) **Gruppe 1** untersucht, welche Arbeitschritte Gesundheitsschäden beim Menschen hervorrufen können.

b) **Gruppe 2** beantwortet die Frage, warum die Banane viele Menschen „krumm" macht, das heißt, warum der Anbau oft große soziale Probleme mit sich bringt.

c) **Gruppe 3** befasst sich mit den allgemeinen Umweltschäden, einschließlich der Klimaschäden, die durch die Produktion und den Handel mit Bananen entstehen können.

III. Macht der Mensch das Klima?

6. Von Menschen gemacht oder naturbedingt?

Die Menschen, auch die Wissenschaftler, sind uneins, worauf die Klimaveränderungen der letzten Jahre zurückzuführen sind: Die Warner halten sie für größtenteils „anthropogen", d. h. von Menschen gemacht, während die Beschwichtiger, die „Klimaskeptiker", sie mit natürlichen Schwankungen erklären.

von Menschen gemacht	natürliche Schwankungen	neutral/weiß nicht

❶ **Erstelle eine Tabelle im Heft und ordne dann die folgenden Aussagen den Spalten der Tabelle zu.**

a) Baumringe, der Meeresboden, Eisbohrkerne und andere Klimaarchive verraten, dass sich unser Klima mehrmals durch den plötzlichen Wechsel von Wärme und eiszeitlicher Kälte verändert hat.

b) Seit dem Beginn des Industriezeitalters, d. h. seit Ende des 18. Jahrhunderts, hat der Mensch durch zahlreiche Aktivitäten seine Umwelt stark verändert.

c) Industrie, Kraftwerke, Verkehr, Landwirtschaft und private Haushalte bewirken die Zunahme von Treibhausgasen in der Erdatmosphäre.

d) Immer mehr Wissenschaftler sind davon überzeugt, dass der Mensch Einfluss auf das Weltklima hat.

e) Unser Klima wird am stärksten durch Veränderungen der Wärmestrahlung der Sonne, Vulkanpartikel und das Gemisch von Treibhausgasen geprägt.

f) Treibhausgase haben sich im 20. Jahrhundert zur treibenden Kraft des Klimawandels entwickelt.

g) Ein verstärkter Treibhauseffekt lässt die Ozeane nicht kalt: Denn bei steigenden Temperaturen dehnen sich die oberflächennahen Wasserschichten aus. Es kommt zu einem Anstieg der Meeresspiegel.

h) Die global gemittelte Lufttemperatur hat seit Anfang des 20. Jahrhunderts um etwa 0,7 Grad Celsius zugelegt.

i) Satellitenmessungen zeigen, dass die Temperaturen auch in größeren Höhen leicht ansteigen.

j) Bei Zunahme der Konzentration der Treibhausgase (Kohlendioxid, Methan und Lachgas) wird die Wärmestrahlung der Erde wie in einem Glashaus zurückgehalten.

k) Erdgeschichtler haben herausgefunden, dass drei der letzten acht Jahre die wärmsten der letzten sechs Jahrhunderte waren.

l) Weltweit schwinden die Gletscher. In den Polargebieten schmilzt das Eis.

m) Der globale Wasserkreislauf wandelt sich: Niederschläge über Land haben in großen Teilen der Nordhalbkugel merklich zugenommen.

n) Auch die natürlichen Klimafaktoren (Sonne, Vulkanausbrüche usw.) tragen zur Erwärmung bei.

o) Experten befürchten, dass die globale Erwärmung bis zum Jahr 2100 bis zu 3,5 Grad betragen könnte.

❷ **Kommentiere dann die Eintragungen. In welcher Spalte finden sich die meisten Einträge?**

❸ **Seid ihr euch in der Bewertung einig? Oder gibt es Diskussionsstoff in der Klasse, z. B. über die Zuordnungen?**

III. Macht der Mensch das Klima?

7. Von Bohnen und Bäumen: Wir nehmen an einer Klimakonferenz teil

❶ Teilt euch in 6 Gruppen zu je 3–5 Personen ein.
   a) Jede Gruppe vertritt einen der sechs Konferenzteilnehmer.
      Ihr habt etwa 30 Minuten Vorbereitungszeit, um die jeweilige Rolle zu gestalten.
      Hinter jedem Namen findet ihr erste Stichworte, die euch z. B. den Einstieg bei
      der Internetrecherche erleichtern.

Klimakonferenz
Fressen Bohnen Bäume?
Moderne Sojaplantagen und der Schutz der Regenwälder

Die Teilnehmer sind:
- Robert Schwallendorf, Journalist: Er kommt gerade aus Brasilien, wo er eine Reportage über Brandrodungen und die Vertreibung der einheimischen Indianer durch Sojabauern gedreht hat.
- Professor Karin Knüppelholz, Agrarwissenschaftlerin: Sie will die Ernährungsprobleme der Welt lösen und glaubt, dass den Sojabohnen die Zukunft gehört.
- Volker von der Made, Biologe: Er sorgt sich um die natürliche Vielfalt der Tier- und Pflanzenwelt und will die genetischen Ressourcen der Welt bewahren.
- Dieter Dünnebacke, Ethnologe: Er ist Experte für die Indianerstämme Südamerikas und fordert Schutzgebiete und dass die Indianer an den Gewinnen aus dem Verkauf ihrer Rohstoffe gerecht beteiligt werden.
- Arnold von Adebar, Klimaexperte: Sein Spezialgebiet ist die Bedeutung der Wälder für das Weltklima.
- René Hackbarth: Als Umweltchemiker weiß er alles über Treibhausgase (THG).

---

   b) Nach der Recherche bereitet jede Gruppe eine Kurzpräsentation (maximal 3
      Minuten Redezeit) vor. Am besten auf einem Flipchart, einem Overhead-
      Projektor oder als Powerpoint-Präsentation. Sucht dann einen aus eurer
      Gruppe aus, der das Ergebnis vor der Klasse präsentiert.

Tipp: Folgende Leitfragen können euch helfen, die Position eures Teilnehmers herauszuarbeiten:

> Was erwarte ich von dieser Konferenz? Was will ich hier erreichen?
> Wovon bin ich überzeugt? Wovon will ich die anderen überzeugen?
> Bei welchen Teilnehmern kann ich Unterstützung finden?
> Wer hat vielleicht eine andere Meinung? Was sind die dringlichsten Probleme?
> Welche Lösungsansätze gibt es? Was muss getan werden, um das Problem
> zu lösen? Was muss man bei einer Lösung beachten? Und wo kann
> man vielleicht Kompromisse machen?

III. Macht der Mensch das Klima?

❷ Diskussion: Wählt aus jeder Gruppe einen zum Diskussionsteilnehmer, außerdem aus der Klasse jemanden, der diese Expertenrunde „moderiert". Schafft ihr eine spannende zehnminütige Diskussion, in der jeder zu Wort kommt?

❸ Systemabsturz im Konferenzzentrum: In einem großen Tagungszentrum finden gleichzeitig drei große Veranstaltungen zum Thema Klimaschutz statt. Leider stürzen 10 Minuten vor Beginn die Computer ab. Dabei geraten Vortragsthemen, fachliches Profil der Experten und andere Spalten durcheinander. Niemand weiß mehr, in welchen Saal er gehen muss.
Bitte hilf den verzweifelten Organisatoren und schreibe die fehlenden Informationen vom Notizblock in die Tabelle.

- Tropische und Subtropische Wälder: Die pharmazeutischen Schatzkammern der Erde
- Amt für Wasserwirtschaft
- Wichtige Kohlenstoffspeicher: unsere Moore
- Die Bedeutung von Binnenmeeren für das Kontinentalklima
- Importeur von Kokosfasern
- Baumwolle: unser größter Devisenbringer
- Holzkaufmann
- Wirtschaftministerium der Republik Madagaskar
- Bürgerinitiative „Stecht unsere Moore nicht ab"
- Verbraucherberatung zum Thema Umweltschutz
- Fischereigenossenschaft der Karalkapaken
- Torf: billig, praktisch, unverzichtbar
- Umweltprogramm der Vereinten Nationen UNEP
- Medizinerin
- Warum mehr Geld in bessere Bewässerungskanäle fließen muss
- Europäische Stiftung Weltbevölkerung
- Der Freudenstädter Beitrag zum Artenschutz: die erfolgreiche Zucht madagassischer Lemuren
- Kakaoimporteur

III. Macht der Mensch das Klima?

Name	Fachgebiet	Arbeitgeber	Themenvorschlag für Fachvortrag
Saal 1: Das kommt nicht in die Tüte: Die Rolle der Moore beim Klimaschutz			
Fokko Fischbein	Kaufmann	Selbstständig	Alternativen zum Torfeinsatz im Gartenbau
Onno Otten		Verband der Ostfriesischen Torfwirtschaft	
Uschi Untermayer	Umweltexpertin	Greenpeace	
Lieselotte Lübben		Ehrenamtlich engagiert	Unsere Moore: Lebensraum für bedrohte Tiere
Tammo Tabken	Unterhalt der Wasserwege		Passen Naturschutz und Küstenschutz zusammen?
Siegmar Susemiel		Verbraucherzentrale Oldenburg	Umweltbewusster Einkauf im Gartencenter
Saal 2: Die Rodung der Arche: Warum Umweltschutz auf Madagaskar so schwierig ist.			
Michael Timberland		Vereinigte Tropenholz GmbH	Unser Weg zum Schutz der wälderzertifizierten Tropenholzplantagen
Charles Rabarison	Forstwirt		Warum man nicht vom Affenschutz leben kann
Sabine Schnittchen	Pharmazeutin	Beier Pharma AG Ludwigslust	
Doris Deppenwiese	Bevölkerungsexpertin		Bevölkerungswachstum und Umweltschutz: die Quadratur des Kreises
Franz Freudenschuss	Zoologe	Städtischer Tiergarten Freudenstadt	
Traugott Muckenhirn		Plantagen-Schoko GmbH, Münster	Gutes Geld für gute Ware: Warum die Anbauflächen für hochwertige Rohstoffe ausgedehnt werden sollten
Saal 3: Unter Baumwolle begraben: Der weiße Tod des Aralsees			
Nursultan Karimov	Exportförderung	Landwirtschaftsministerium der Republik Usbekistan	
Rinaldo Canaletto	Wassermanagement		Wie wir die Wasserressourcen Mittelasiens besser bewirtschaften können
Monika Hoppegarten		Ärzte ohne Grenzen	Die gesundheitlichen Folgen schlechter Wasserqualität
Arnold von Adebar	Klimaforschung	Institut für Meteorologie der Universität Bremen	
Islam Nasarbajev	Fischer		Was macht ein Fischer ohne Meer?
Stefan Spiegelmann	Regierungsberater	Asiatische Entwicklungsbank	

III. Macht der Mensch das Klima?

8. Klimakiller und andere k.o.-Wörter

Es ist sehr wichtig, aber gar nicht so leicht zu verstehen, was Experten, Politiker und Journalisten zum Thema Klima alles so zum Besten geben. Da schwirren Begriffe und Fremdwörter durch die Luft, die es in sich haben.

❶ Zunächst sollt ihr ein wenig „um die Ecke denken" und den nicht ganz ernsten Erklärungen der ersten Spalte die passenden Begriffe aus der zweiten Spalte zuordnen.

❷ Dann geht es darum, die „eigentliche" Bedeutung zu ermitteln.
Vorschlag: Einer aus der Klasse versucht eine Definition (= Begriffsbestimmung), die anderen helfen mit, ergänzen oder korrigieren, bis eure Lösung steht.

um die Ecke gedacht	→	Begriffe	Bedeutung (in euren Worten)
1. sonnige kleine Räume		a) Klimakiller	
2. als Getränk ungenießbar		b) Prognose	
3. Lieblingswort der Politiker, denen es um Wirkung geht		c) Solarzellen	
4. Stromquellen, die sich nicht verbrauchen		d) Kyoto-Protokoll	
5. Der vertritt bestimmte Interessen.		e) Verschmutzungsrechte	
6. Auch mit Gasen lässt's sich handeln.		f) Computersimulation	
7. Nein, es ist nicht die Luft in einem Gewächshaus.		g) Nachhaltigkeit	
8. Modelle, die sich an eurem Lieblingsspielzeug entwerfen lassen.		h) Klimagipfel	
9. Sie versündigen sich nicht nur an unserer Umwelt, sondern ermorden sie gar.		i) Raubbau	
10. Sie sind uralt, aber heizen uns kräftig ein.		j) Treibhausgase	
11. Hat weniger mit hohen Bergen als vielmehr mit hohen Tieren zu tun.		k) Ressourcen	
12. Wie wird es morgen sein? Hier wagt man schon mal einen Blick in die Zukunft.		l) erneuerbare Energien	
13. Leider sind sie nicht unerschöpflich.		m) Biodiesel	
14. Auch die Nutzung kann man übertreiben.		n) fossile Brennstoffe	
15. Die Amerikaner haben es nicht unterschrieben.		o) Emissionshandel	
16. Wie schön, wenn man Dreck machen darf.		p) Lobbyist	

III. Macht der Mensch das Klima?

9. Von Heizpilzen befallen

Die Menschen verhalten sich oft nicht besonders schlau und gefährden damit sich und andere. Diese unbequeme Wahrheit wird besonders im Zusammenhang mit dem Klimawandel unverdrossen in den Medien wiederholt. In der Hoffnung, dass es fruchten möge, die Leser ins Grübeln kommen und ihr Verhalten ändern.

Viele Journalisten formulieren ihre Artikel möglichst dramatisch, damit etwas „hängen bleibt". Sie schreiben zumeist mit viel Gefühl über Eisbärenkinder, Pinguine und Robbenbabys, deren Lebensraum bedroht ist, über untergehende Atolle oder Millionen von Klimaflüchtlingen.

❶ **Lest den nachstehenden Text. Wie tranportiert er seine Botschaft?**

Wollt ihr für die Straße heizen?!

29. Oktober 2007 Es ist Herbst, die Leute sitzen im Café. Natürlich sitzen sie vor dem Café auf der Straße, es sind schließlich sechs Grad. Sie werden auch noch im Dezember auf der Straße sitzen und im Februar und zu den Eisheiligen. Sie werden auch dann noch auf der Straße sitzen, wenn die Gletscher wegtauen und die Nordost-Passage am Nordpol so befahrbar sein wird wie der Ärmelkanal.

Nur dass sie das nicht mitbekommen werden, weil sie nämlich unter einem Heizpilz sitzen, der ihnen den Horizont verstellt. Und der ihnen mit seinem Kohlendioxid-Ausstoß, der ungefähr so hoch ist wie der eines Mittelklassewagens, das Hirn vernebelt.

Das Einzige, was sie vielleicht merken, ist, dass sie umgeben sind von Heizpilz-Sitzern, denn sobald irgendwo der erste Heizpilz auftaucht, ist kurz darauf die ganze Straße befallen, vom Italiener bis zur Kneipe am Eck. Die Heizpilz-Straße ist die Antwort des Nordens auf die Strandparty.

Und wenn man dann in einer kalten Herbstnacht zum Schlafen das Fenster öffnen will und es kommt einem von unten erst ein Schwall Heizpilz-Abluft und dann das Gegröle von Unter-Heizpilz-Sitzern entgegen, dann möchte man am liebsten hinrennen und die Leute fragen, ob sie eigentlich drinnen oder draußen sitzen wollen.

Dazu würde man gerne jenen Spruch brüllen, mit dem unsere Mütter uns immer genervt haben, wenn wir in der kalten Jahreszeit die Fenster offen gelassen haben: Wollt ihr für die Straße heizen?! Aber genau das wollen sie natürlich. Denn der Widersinn ist das Lebensmotto der Heizpilz-Sitzer. Und erst wenn der letzte Heizpilz verglommen ist, werden sie merken, dass man im Winter draußen nicht essen kann.

❷ **Wer von euch ist ein Heizpilz-Sitzer und wer ein Heizpilz-Hasser? Sammelt Argumente für und gegen die Pilzinvasion!**

ICH SAGTE 'WARMER NESTPLATZ', NICHT 'KOCHPLATTE'! UND UNSERE EIER SIND JETZT NICHT AUSGEBRÜTET SONDERN GAR!

Kapitel IV: Erderwärmung – macht das was?

1. Zur Einführung: Warme Wonne?

Bevor du die Übungen dieses Kapitels bearbeitest, solltest du den Inhalt von Faktenkasten und Fragekasten kennen.

Was wir wissen: Faktenkasten

✓ Der Klimawandel trifft die ärmsten Entwicklungsländer am stärksten.
✓ Temperaturveränderungen bedeuten auch für die Ökosysteme Stress. Tiere und Pflanzen werden aus ihrem angestammten Lebensraum verdrängt oder sterben aus.
✓ Tiere und Pflanzen besiedeln Gebiete, in denen sie bisher nicht überleben konnten.
✓ Höhere Temperaturen können die Ausbreitung bestimmter Krankheitserreger fördern.
✓ Besonders im Sommer bei extrem hohen Temperaturen steigt das Risiko von Herz-Kreislauferkrankungen und Todesfällen.
✓ Anbau- und Weideflächen können verloren gehen.
✓ Pflanzenschädlinge können sich breit machen und Ernteschäden verursachen.
✓ Der Meeresspiegel steigt.
✓ Höhere globale Temperaturen bringen auch den Wasserkreislauf der Erde durcheinander. Die Folgen: Mehr Dürren und mehr schwere Regenfälle!
✓ Auch die Trinkwasserversorgung kann in manchen Regionen gefährdet sein.
✓ Bei wärmeren Temperaturen verschiebt sich die Waldgrenze nach oben. Folge: Die Berge werden grüner.
✓ Der Permafrostboden in Sibirien taut auf. Dadurch wird das Klimagas Methan freigesetzt. Gleichzeitig kommen die Menschen leichter an die dortigen Bodenschätze.

Was wir nicht genau wissen: Fragekasten

❓ Wird die Erderwärmung zu mehr „Konkurrenz" unter den Staaten der Welt und damit auch zu mehr Konflikten führen?
❓ Welche Regionen werden Gewinner, welche werden Verlierer der Entwicklung sein? Warum?
❓ Wie wird sich der globale Temperaturanstieg langfristig auf das Ökosystem auswirken?
❓ Welche Folgen hat er für die menschliche Gesundheit?
❓ Welche Auswirkungen hat der Klimawandel auf unsere Kultur, das heißt, auf die Art wie wir leben?

IV. Erderwärmung – macht das was?

2. Medien und Meinungsmache: Wie dramatisch ist der Klimawandel?

Die Medien sind voll mit Berichten zum Klimawandel. Vor den Augen der Leser spielen sich manchmal regelrechte Schlammschlachten um die „Klimawahrheit" ab. Besonders zwei Parteien stehen sich in den Medien oft feindlich gegenüber: Die „Klimaaktivisten", die etwas gegen die Erderwärmung unternehmen wollen, und die „Klimaskeptiker", die beschwichtigen und alles halb so schlimm finden.

Dann gibt es manchmal Journalisten, die weder dem einen noch dem anderen Lager zuzuordnen sind, sondern eher eine unentschlossene Haltung einnehmen. Wir haben einmal versucht, diese drei Grundtypen der „Klimajournalisten" zu beschreiben.

❶ Lies, welche Standpunkte die Journalisten vertreten.

Der Klimaaktivist Stefan Unrast

Seine Überzeugung:
Der Klimawandel bedroht die Zukunft der Erde. Die Menschen sind maßgeblich dafür verantwortlich. Daher kann der Klimawandel nur durch solidarisches Handeln verhindert oder abgemildert werden. Wann, wenn nicht jetzt? Der Klimawandel führt weltweit zu noch mehr Armut. Untätigkeit führt in die Katastrophe. Der Klimawandel ist eine grenzüberschreitende Bedrohung. Wir brauchen umgehend große internationale Gegenmaßnahmen.

Der Klimaskeptiker Harald Wartewahl

Seine Überzeugung:
Klimawandel ist ein natürliches Phänomen. Wir wissen gar nicht, ob und wie stark der Mensch an der jetzigen Erderwärmung schuld ist. Wir können eh nichts machen. Wirksame Gegenmaßnahmen sind unbezahlbar. Klimaschutzprogramme schädigen die Weltwirtschaft. Es gibt wichtigere Dinge, wie z. B. die Bekämpfung von Armut und Krankheiten. Wir wissen zu wenig. Wir müssen mehr forschen, bevor wir Gegenmaßnahmen ergreifen können.

Der unentschlossene Hugo Weißnicht

Seine Überzeugung:
Keine ausgeprägte eigene Meinung. Klimawandel ist ein wichtiges Thema. Wenn alle darüber schreiben, sollte ich das auch tun. Ob pro oder contra kann ich nicht entscheiden, deshalb enthalte ich mich lieber der Stimme. Ein neues Gutachten kann alle bisherigen Erkenntnisse über den Haufen werfen.

❷ Der Nachrichtenticker (= Übertragung von Informationen über Telefon- bzw. Faxleitungen oder per Internet) einer großen Medienagentur liefert täglich jede Menge Schlagzeilen. *Aufgabe nächste Seite.*

IV. Erderwärmung – macht das was?

❷ Schau dir die Überschriften an und ordne sie einem der drei oben beschriebenen Journalistentypen zu.

A	In der Todeszone des Klimawandels
B	Düsterer Vorbote des Klimawandels: Ringelrobben-Babys verhungern
C	Katastrophen-Gerede ist Unsinn
D	Ein heißes Thema
E	Das globale Klima kippelt
F	Die Klima-Hysterie
G	Historisch sind Warmzeiten gute Zeiten
H	Erderwärmung bringt Hungersnot
I	Wenn der Boden rutscht. Erderwärmung in den Alpen bedroht Wanderwege
J	Den Planeten retten?
K	Die Welt hat zwei Jahrzehnte beim Klimaschutz verloren
L	An der Front des Klimawandels
M	Knut, das Kuscheltier des Weltuntergangs
N	Die Erde im Hitzschock
O	Wer rettet die Welt vor den Weltrettern? Knut, hilf!
P	Das Märchen von der Klimakatastrophe
Q	Die Erde hat Fieber
R	Klimawandel: Mehr Zuversicht, weniger Panik nötig
S	Die Klimaforscher sind sich längst nicht sicher
T	Schutztürme gegen die Flut. Entwicklungsländer suchen nach Strategien gegen Klimawandel
U	Wie viele Ferienreisen verträgt die Welt?
V	Münchener Rück warnt vor Hysterie in der Klima-Debatte
W	Fliegt uns die Erde um die Ohren?
X	Wälder als Klimaretter
Y	Die Opfer des Klimawandels: Tuvalu versinkt im Pazifik
Z	Sollen wir Deutsche die Welt alleine retten?

❸ Wenn du die Schlagzeilen sortiert hast, überlege bitte noch:

a) Welcher Journalistentyp hat die meisten Überschriften produziert?
b) Wie sind die formuliert?
c) Gibt es Wörter, die dich besonders „anspringen"? Wer benutzt die gern?
d) Gibt es eine Schlagzeile, die du für besonders gelungen oder ganz besonders blöd hältst? Begründe deine Meinung.

IV. Erderwärmung – macht das was?

3. Hatschi! Was der Klimawandel mit unseren Nasen zu tun hat

❶ **Lies von Triefnasen und Ambrosia.**

Pflanzen sind die besten Klimazeugen. Bei Temperaturschwankungen können sie nicht davonlaufen. Daher haben sie nur die Wahl, sich anzupassen oder auszusterben. Biologen und andere Forscher beobachten schon seit vielen Jahren, welche Auswirkungen steigende Temperaturen auf Birke, Apfel & Co. haben. Und die Ergebnisse sind eindeutig: Die Apfelblüte zum Beispiel fängt heute in Deutschland im Durchschnitt etwa eine Woche früher an als vor vierzig Jahren. Die Forsythien öffnen ihre gelben Kelche meistens schon im März. Vor 40 Jahren taten sie das normalerweise im April. Deutschlands Winzer freuen sich seit Jahren über bessere Wachstumsbedingungen in den Weinanbaugebieten. Die Wärme beschert ihnen süßere Trauben und bessere Qualität.

Doch was des einen Freud ist des anderen Leid: Der Klimawandel verspricht härtere Zeiten für Pollenallergiker. Die Birkenblüte findet durchschnittlich zehn Tage früher statt. Doch damit nicht genug: Wissenschaftler der Freien Universität Berlin haben herausgefunden, dass sich die Blütezeit der Birke in den letzten 20 Jahren um acht Tage verlängert hat. Damit verlängert sich auch die Saison für Triefnasen und tränende Augen.

Im Mittelpunkt des wissenschaftlichen Interesses steht seit einigen Jahren auch die wärmeliebende Ambrosia, auf die ungewöhnlich viele Menschen mit Gesundheitsproblemen reagieren. Ursprünglich stammte die Pflanze aus Nordamerika. Ende des 19. Jahrhunderts wurde sie nach Deutschland eingeschleppt, hatte aber keine rechte Chance, sich hier auszubreiten. Im wärmeren Deutschland gefällt es dem genügsamen Unkraut aber mittlerweile so gut, dass es sich heute zum Kummer der Allergiker in alle Himmelsrichtungen munter ausbreitet. Seine Hauptblütezeit ist Ende Juli. Viele Gesundheitsschützer sind überzeugt: Wenn das so weitergeht, brauchen Deutschlands Allergiker demnächst 12 Monate im Jahr Taschentücher und Pillen.

Wir schlagen euch vor, an eurer Schule ein **Langzeitprojekt** zu starten. Ziel ist es, **eine bestimmte Pflanze über viele Jahre zu beobachten,** alle Veränderungen zu dokumentieren und sich mit anderen „Phänologen" (so nennt man die Wissenschaftler, die sich mit den Erscheinungen der Natur befassen) auszutauschen.

Diese Aufgabe müsste von Klasse zu Klasse und von Jahr zu Jahr weitergegeben werden. Eine Chronik der Ereignisse sollte z. B. auf der Homepage eurer Schule geführt und jeweils aktualisiert werden. – Bis ihr euch dann Jahre später einmal trefft, von alten Zeiten schwärmt und erfahrt, wie sich das Projekt weiterentwickelt hat und welche Ergebnisse es brachte.

Wer mehr wissen will und Projektanregungen benötigt, kann z. B. unter **www.naturdetektiv.de** oder beim **www.hamburger-bildungsserver.de** stöbern.

IV. Erderwärmung – macht das was?

4. Kein Grund zum Jodeln – Klimawandel in den Alpen

❶ Lies, wie Heidi-Land sich verändert hat.

Heidi würde sich wundern: Knapp 130 Jahre, nachdem die Schweizerin Johanna Spyri ihr naturverbundenes Kinderleben auf einer Schweizer Alm beschrieben hat, gehört ihre Bergwelt der Vergangenheit an. Die Gletscher schmelzen ebenso wie die weißen Schneemützen vieler Berggipfel. Skilaufen, das funktioniert an manchen Orten nur noch mithilfe von Schneekanonen. Und selbst beim Wandern gibt's oft Probleme.

Denn der Klimawandel macht vor den Alpen nicht halt. Durch die gestiegene Konzentration von CO_2 und anderen von Menschen verursachten Treibhausgasen (THG) in der Atmosphäre hat sich die Erde seit Beginn des vorigen Jahrhunderts bereits um 0,7 Grad Celsius erwärmt. Auch die Alpen haben die Folgen dieser Erwärmung zu spüren bekommen, z. B. in Form von Hitzewellen, schweren Regenfällen und Überschwemmungen oder Regen statt Schnee im Winter. Durch die erhöhten Niederschläge entstehen in den Alpen immer häufiger Ströme aus Schlamm und Geröll, die mit einer Geschwindigkeit von bis zu 60 Stundenkilometern zu Tal donnern. Dabei richten diese sogenannten „Muren" schlimme Schäden an.

Für den Deutschen Alpenverein und andere Organisationen wird es immer schwieriger, die Wege instand zu halten. Viele Hobby-Wanderer lassen daher den Rucksack in der Ecke stehen und suchen sich andere Ferienziele. Heidis Urenkel könnten bei der Zimmervermietung auf der Alm also zunehmend Probleme bekommen, denn die Touristen bleiben aus.

❷ Beantworte folgende Fragen.

a) Bist Du in den Ferien schon einmal „Opfer des Klimawandels" geworden? Hast du im Winter z. B. schon einmal mit Skiern im Grünen gesessen?
b) Überlege einmal genau, wem in den Alpen durch die Erderwärmung welcher Schaden entsteht. Was sind z. B. die negativen Folgen für ...
   ❖ die Besitzer von Skiliften, Skischulen oder Skihotels,
   ❖ Waldbesitzer,
   ❖ Bauern,
   ❖ andere Bewohner der Alpen?

❸ Gibt es auch positive Folgen für die Bewohner der Alpen?

IV. Erderwärmung – macht das was?

5. Schaden in Zahlen

Versicherungsgesellschaften sammeln seit vielen Jahren Informationen über Naturkatastrophen. Schaut euch bitte die folgende Tabelle der „Münchener Rück" an.

Naturkatastrophen 2007 (Vergleich zu Vorjahren)

Jahr	Anzahl	Tote	Gesamt-schaden	Versicherter Schaden	Herausragende Ereignisse
1994	680	13.000	89.000	21.000	Erdbeben, Northridge
1995	615	20.800	172.000	16.000	Erdbeben Kobe, Überschwemmungen Nordkorea
2000	890	10.300	38.000	9.600	Überschwemmungen UK, Taifun Saomai
2001	720	25.000	40.000	12.000	Tropischer Sturm Allison, Hagel USA
2002	700	11.000	60.000	14.000	Überschwemmungen Europa
2003	700	109.000	65.000	16.000	Hitzewelle Europa, Erdbeben Bam/Iran
2004	650	235.000	150.000	47.000	Hurrikane Atlantik, Taifune Japan, Tsunami
2005	670	101.000	220.000	99.000	Hurrikane Atlantik, Erdbeben Pakistan
2006	850	20.000	50.000	15.000	Erdbeben Yogyakarta/Indonesien
2007	950	15.000	75.000	30.000	Wintersturm Kyrill, Überschwemmungen Großbritannien

© Dezember 2007 NatCatSERVICE, GeoRisikoForschung, Münchener Rück

❶ **Bildet Gruppen. Versucht jetzt, die folgenden Fragen zu beantworten.**

   a) Welche Informationen kann man der Tabelle entnehmen? Erkläre mit eigenen Worten: Was ist das Thema der Versicherungsgesellschaft?
   b) Betrachtet die einzelnen Spalten von oben nach unten: Was lest ihr heraus? Lassen sich Trends ablesen?
   c) Gibt es in der Tabelle Zahlen, die besonders ins Auge springen? Welche sind das? Gibt es eine Erklärung dafür?
   d) Vergleicht nun die Zahlen in den Spalten 4 und 5? Fällt euch etwas auf? Habt ihr vielleicht sogar eine Begründung dafür?
   e) Was glaubt ihr, weshalb erstellen Versicherungen solche Tabellen?

❷ **Entscheidet, wer aus eurer Gruppe die Ergebnisse eurer Klasse vorstellen soll.**

❸ **Zusatzaufgabe: Stellt die Daten der Jahre 2000–2007 als Kurven dar. Kommentiert dann deren Verlauf.**

IV. Erderwärmung – macht das was?

6. Tuvalu versinkt im Pazifik

Stellt euch vor, eines schönen Tages sagen eure Eltern: „Unsere Heimat versinkt demnächst im Meer. Packt eure Koffer, wir ziehen ins Nachbarland."
Seltsame Idee? Für die rund 12.000 Bewohner des kleinen Südsee-Atolls Tuvalu sieht so vermutlich die Zukunft aus. Der Inselgruppe droht der Untergang. Nicht heute, nicht morgen, aber viele Wissenschaftler sind überzeugt: In etwa 50 Jahren hat der Pazifik die malerische, nur 26 Quadratkilometer große Inselgruppe verschluckt. Und in etwa 25 Jahren könnte sie unbewohnbar sein.

Im kleinen Hafen wird seit längerem gemessen, wie sich das Meerwasser erwärmt und jährlich um fünf bis sechs Millimeter ansteigt. Der höchste Punkt der Insel ragt nur drei Meter aus den Fluten. Immer häufiger bedroht das salzige Seewasser die wenigen natürlichen Trinkwasserreserven auf der Insel. Und immer mehr Ackerland geht verloren.
„Wir lieben diese kleine schöne Insel. Wir wollen hier bleiben. Aber es gibt keine Zukunft für uns auf Tuvalu", das ist die traurige Überzeugung der Insulaner. Das große Nachbarland Neuseeland hat bereits zugestimmt, jährlich ein paar hundert Klima-Flüchtlinge aufzunehmen. Damit haben die Menschen aus Tuvalu sozusagen Glück im Unglück. Denn für andere Menschen, die ebenfalls durch die Klimaveränderungen betroffen sind, gibt es keinen Fluchtplan. Die Vereinten Nationen gehen davon aus, dass 70 Millionen Bangladeschi, 22 Millionen Vietnamesen und 6 Millionen Ägypter ebenfalls ihren Lebensraum durch Überschwemmungen und Dürre verlieren könnten. Ebenfalls betroffen sind nach Meinung vieler Forscher die Karibik, Amazonien, Nordafrika, Zentralafrika, der Norden Indiens und der Osten Chinas.

DIE APOKALYPSE NAHT – INSELWITZE KAUM NOCH ZU STOPPEN.

❶ Besorge dir eine physische Weltkarte und suche die im Text genannten Länder und Regionen heraus.

   a) Schau dir ihre Lage genau an und versuche, dir vorzustellen, was das jeweils größte Problem ist.
   b) Notiere die Ergebnisse in der Tabelle mit einem Ü für Überschwemmung und einem D für Dürre.

Land/Region	Problem
Tuvalu	

❷ Was kannst Du über die geografische Verteilung dieser Krisengebiete sagen? Gibt es Regionen, denen sowohl Dürren wie auch Überschwemmungen drohen?

Tipp: Zur Unterstützung kannst du dir natürlich auch Satellitenkarten, z. B. von der amerikanischen Raumfahrtbehörde NASA herunterladen.

IV. Erderwärmung – macht das was?

7. Klimazeugen gesucht

Ihr habt es sicher schon begriffen: Das Klimageschehen auf der Erde lässt sich nicht immer leicht nachvollziehen. Vieles spielt sich in großer Entfernung und auf anderen Kontinenten ab. Das hindert uns manchmal daran, zu verstehen, was der Klimawandel für den einzelnen Menschen konkret bedeuten kann.

Der World Wide Fund for Nature (WWF) stellt deshalb unter dem Link **www.wwf.de/themen/klimaschutz/problem/auswirkungen/klimazeugen/** 15 Menschen aus unterschiedlichen Ländern vor, deren Leben sich durch den Klimawandel stark verändert haben.

(Cartoon: Zwei Männer an einer Bar. Einer sagt: „BIERBAUCH? PAH! DAS IST MEIN WASSERSPEICHER FÜR DEN HOCHSOMMER!")

❶ **Schaut euch die Seiten an.**

❷ **Sucht dann fünf dieser Klimazeugen aus, über deren Leben ihr mehr wissen möchtet.**

❸ **Bildet dazu fünf Arbeitsgruppen, die sich mit dem Zeugenbericht und mit Zusatzinfos zu dem jeweiligen Land beschäftigen.**

❹ **Tragt die Ergebnisse dann bitte in der Ich-Form vor, also z. B.:**

> Hallo, ich bin William aus Tuvalu. Das ist ein kleines Atoll im Südpazifik mit 12.000 Einwohnern. Ich bin Taxifahrer. Früher hatten wir auch einen großen Garten, aber seitdem der Meeresspiegel steigt, hat die See unsere Beete nach und nach fortgeschwemmt …

Kapitel V: Klimaschutz – was können wir machen?

1. Zur Einführung: Lösungswege und Handlungswillen

Bevor du die Übungen dieses Kapitels bearbeitest, solltest du den Inhalt von Faktenkasten und Fragekasten kennen.

Was wir wissen: Faktenkasten

- ✓ Der Weltklimarat (Intergovernmental Panel on Climate Change, IPCC) geht davon aus, dass sich das Erdklima bis zum Jahr 2100 zwischen 1,4 und 5,8 Grad Celsius erwärmt.
- ✓ Von Menschen verursachte Treibhausgase (THG) sind mitverantwortlich für die Klimaerwärmung.
- ✓ Globale Probleme brauchen globale Lösungen. Das heißt, die Menschheit muss gemeinsam handeln.
- ✓ 2005 trat das internationale Kyoto-Protokoll in Kraft. Dieses erste internationale Klimaabkommen sieht vor, den jährlichen Treibhausgas-Ausstoß der Industrieländer bis zum Zeitraum 2008–2012 um durchschnittlich 5,2 Prozent gegenüber 1990 zu reduzieren. Trotzdem konnte es bislang nur wenig an der Zunahme der Konzentration der wichtigsten Treibhausgase ändern.
- ✓ Viele Experten sind sich einig: Der Anstieg der globalen mittleren Temperatur darf 2 Grad Celsius nicht übersteigen. Sonst sind die Folgen für die Welt nicht mehr beherrschbar.
- ✓ Um die Erderwärmung unter 2 Grad Celsius zu halten, müssen die Treibhausgase (THG) stark vermindert werden. Vermeidung ist das Motto!
- ✓ Für die großen Industriestaaten bedeutet das, sie müssen ihre Emissionen bis zum Jahr 2020 um durchschnittlich 30 Prozent und bis 2050 um 80 Prozent gegenüber 1990 senken.
- ✓ Damit das Weltklima nicht kippt, sind viele Wissenschaftler überzeugt: Jeder Mensch darf pro Jahr nur zwei Tonnen Klimagase produzieren.
- ✓ Für den Klimaschutz ist es egal, an welchem Ort Emissionen entstehen und an welchem Ort sie vermieden werden. Wichtig ist, dass Klimagase überhaupt reduziert werden.
- ✓ Aber auch Vorsorge und Anpassung an den Klimawandel ist nötig! Das kann z. B. bedeuten, dass man nicht mehr an hochwassergefährdeten Flussufern baut. Oder dass man Deiche baut und pflegt.
- ✓ Die gute Nachricht: Klimaschutz hat oft mit Energiesparen zu tun. Deshalb ist vieles, was gut für das Klima ist, auch gut für den Geldbeutel.

V. Klimaschutz – was können wir machen?

> JA, SPINNST DU?! DAS WELTKLIMA KIPPT UND DU FÜHRST HIER METHANRÜLPSENDE RINDER SPAZIEREN?!!

Was wir nicht genau wissen: Fragekasten

- Wie kann man Menschen am besten dazu bringen, ihr Wissen und ihre Erfahrung kurzfristig in sinnvolles Handeln zu verwandeln?
- Wie finden wir eine Lösung, die sowohl in Industriestaaten als auch in Entwicklungsländern funktioniert?
- Wie kann der Mensch Klimafolgen am besten tolerieren oder sich ihnen anpassen?
- Was sind die wichtigsten globalen Entscheidungen, um eine Erderwärmung zu verhindern?
- Wie verhindern wir, dass Menschen aus Armut ihre Lebensgrundlagen, z. B. durch Rodungen, zerstören?
- Öl wird immer teurer. Kohle ist viel billiger, aber besonders klimaschädlich. Wie kommen wir schnell an bezahlbare und technisch machbare Energieformen?
- Woher bekommen wir das Geld für die notwendigen (internationalen) Großprojekte?

V. Klimaschutz – was können wir machen?

2. Die große Aktionskiste Klimaschutz

Schon Alexander von Humboldt, dem ihr im ersten Kapitel begegnet seid, hatte ihn erkannt: den Systemcharakter des Klimas. Hinter diesem Begriff verbirgt sich die Erkenntnis, dass auf der Erde alles mit allem zu tun hat! Dasselbe gilt auch für die Politik: Staaten können keine sinnvollen Umweltgesetze machen, wenn Bürgerinnen und Bürger das nicht wollen. Andersherum kann der Einzelne sich nicht erfolgreich für Umwelt- und Klimaschutz einsetzen, wenn der Staat ihn dabei nicht unterstützt oder gar behindert.

❶ Wir haben in die Aktionskiste Klimaschutz eine Vielzahl von möglichen Lösungsschritten gepackt.
Deine Aufgabe ist nun, diese in fünf Gruppen zu sortieren. Das heißt, die Aktivitäten müssen zugeordnet und unter die nachstehenden Piktogramme auf die Linien geschrieben werden. Damit ganz klar wird, wer was tun kann und wo welche Verantwortung liegt.
Manchmal lassen sich Aktivitäten auch mehreren Ebenen zuordnen.

Die große Aktionskiste zum Klimaschutz

✦ möglichst viele klimafreundliche Produkte kaufen ✦ neue Energiespartechniken entwickeln ✦ Steuererleichterungen für Niedrigenergiehäuser gewähren ✦ das Auto öfter mal in der Garage stehen lassen ✦ Verbot von Fahrzeugen mit schlechten Abgaswerten ✦ Finanzierung von Jobtickets für die Mitarbeiterinnen und Mitarbeiter ✦ keine Rohstoffe verarbeiten, die das Klima schädigen ✦ Zuschüsse für den Bau von Solaranlagen zahlen ✦ große internationale Aufforstungsprojekte starten ✦ Energiesparlampen kaufen ✦ Finanzierung von Klimaschutzprojekten durch Unternehmensgewinne ✦ im Rathaus Informations- und Beratungsangebote zum Klima- und Umweltschutz bereitstellen ✦ Bäume pflanzen ✦ Gebäude besser dämmen ✦ internationale Klimaschutzziele in nationalen Gesetzen bestätigen ✦ Fernsehgeräte und andere Stromfresser über Nacht ausschalten ✦ Fördergelder für erneuerbare Energien wie Wasserkraft oder Sonnenenergie bereitstellen ✦ strenge Kontrolle der Industrie-Emissionen ✦ Bestrafung von Umweltsündern ✦ Wertstoffhöfe einrichten ✦ Aus- und Weiterbildung im Bereich betrieblicher Umwelt- und Klimaschutz für die Belegschaft anbieten ✦ Fahrzeuge mit weniger Treibstoffverbrauch entwickeln ✦ weniger Fleisch essen ✦ den ärmsten Staaten der Erde bei der Bewältigung der Klimaprobleme (Vormarsch der Wüsten, Überschwemmungen etc.) helfen ✦ im Wald nicht rauchen ✦ internationale Ziele zum Welt-Klimaschutz aushandeln ✦ keine klimaschädlichen Produkte verkaufen ✦ in den Ferien nicht immer ins Flugzeug steigen ✦ sich informieren ✦ einer Naturschutzorganisation beitreten ✦ von meiner Bundestagsabgeordneten mehr Klimaschutz fordern ✦ auf Gebäuden Solarzellen installieren ✦ die Produktion meiner Waren möglichst energiesparend organisieren ✦ Straßenbäume pflanzen und pflegen ✦ wassersparende Haushaltsgeräte kaufen ✦ internationale Forschungsprojekte finanzieren ✦ Umwelt- und Klimaschutz in der Schule unterrichten ✦ mehr heimische Lebensmittel essen ✦ ausreichend Geld für öffentliche Verkehrsmittel bereitstellen ✦ veraltete Kohlekraftwerke schließen ✦ Haushaltsgeräte mit geringem Energieverbrauch kaufen ✦ aus den Gewinnen Preise für klimafreundliche Erfindungen finanzieren ✦ in neue Technologien wie Gezeitenkraftwerke investieren ✦ mit dem Rad zum Dienst fahren ✦ Klimaschutz zu einem der wichtigsten internationalen Ziele erklären ✦

V. Klimaschutz – was können wir machen?

A Internationale Ebene: die Weltgemeinschaft

B Nationale Ebene: Deutschland

C Die Wirtschaft

D Kommunale Ebene: meine Stadt

E Meine Familie, meine Gruppe und ICH

❷ **Welche Aktion/Aktivität könntet ihr als Klasse starten?
Entwickelt Ideen und macht Vorschläge.**

V. Klimaschutz – was können wir machen?

3. Chinas „grüne Mauer"

Mittlerweile haben viele Regierungen verstanden, dass sie mehr für den Umweltschutz und damit gegen den Klimawandel tun müssen. Auch aus China hat ein ehrgeiziges Projekt gestartet.

❶ Lies den Text aufmerksam.

In der Nacht vom 16. auf den 17. April 2006 senkte sich vom Himmel über der chinesischen Hauptstadt Beijing (früher: Peking) plötzlich eine schwere graue Wolke herab. Das Licht der Straßenlaternen versank in dichtem Nebel, der Verkehr kam vielerorts zum Erliegen. Der Grund für dieses gruselige Schauspiel: Ein schwerer Sandsturm lud mehr als 300 000 Tonnen Sand und Staub über der Stadt ab.

Diese graue Invasion stammt aus den mongolischen Wüsten und rückt seit längerer Zeit gegen Beijing vor. Bis auf etwa 240 Kilometer ist die Wüste bereits herangekommen. Jedes Jahr bedeckt sie etwa 2500 Quadratkilometer zusätzliches Gras- und Ackerland. Für ein Land, das mehr als eine Milliarde Menschen ernähren muss, ist das eine bedrohliche Entwicklung.

Bereits vor 30 Jahren hatte China deshalb begonnen, einen Wall gegen die anstürmenden Staubwolken zu errichten: Die „grüne Mauer" ist das vermutlich größte Aufforstungsprojekt der Menschheitsgeschichte. Auf einer Länge von 4500 Kilometern sind am Rand der chinesischen Wüsten riesige Schutzwälder angelegt worden. Von Flugzeugen aus hatte man Samen gestreut. Wo der Boden zu hart war, haben Experten Löcher für die Baumwurzelballen gesprengt.

Doch die „grüne Mauer" erwies sich dem Sand gegenüber als ebenso löchrig wie die vor gut 2000 Jahren errichtete Große Chinesische Mauer gegenüber den mongolischen Reiterheeren. So starben beispielsweise auf 1200 Kilometer Länge die frisch gepflanzten Bäume wieder ab, weil diese hochgezüchteten Pflanzen mit den ruppigen Bedingungen in der Natur nicht zurechtkamen.

Inzwischen haben die Verantwortlichen aus den früheren Fehlern gelernt. Statt Monokulturen lassen sie widerstandsfähige Mischwälder pflanzen. In der Provinz Ningxia werden seit 1994 mit deutscher Hilfe am Wüstenrand auch Obstplantagen angelegt und die Bauern im Aufbau einer nachhaltigen Bewirtschaftung geschult. Dies ist wichtig, damit die Bauern die jungen Bäume nicht schlagen und verfeuern. Denn nur wenn die Menschen lernen, die Natur nachhaltig für ihren Lebensunterhalt zu nutzen, haben Waldschutzprojekte Erfolg. Erst nach Jahren wird sich daher erweisen, ob die Schulung auf Dauer erfolgreich war. Menschliches Verhalten dauerhaft positiv zu verändern, das ist wohl die größte Herausforderung im Umwelt- und Klimaschutz. Das haben zum Beispiel internationale Experten in Nordafrika lernen müssen. Dort hatten die Bewohner eines Oasenstädtchens auf der Suche nach Brennholz die auf umliegenden Dünen gewachsenen Bäume gerodet. So lange, bis nichts mehr übrig war, die Sandmassen in Bewegung gerieten und die Oase bedrohten. Daraufhin pflanzten Bewohner und internationale Helfer auf den Dünen neue Bäume. Doch nach einiger Zeit begannen die Sandberge wieder zu wandern. Denn auch diesmal hatten die Oasenbewohner die Bäume, als sie groß genug waren, abgeholzt. Und verfeuert. Das ist natürlich ziemlich frustrierend. Dennoch: Aufgeben, den „Kopf in den Sand stecken", ist keine Lösung. Denn weltweit sind etwa eine Milliarde Menschen durch den Vormarsch der Wüste betroffen.

V. Klimaschutz – was können wir machen?

❷ Richtig oder falsch?
Kreuze an. Das Lösungswort nennt ein menschliches Fehlverhalten, das zunehmend das Klima bedroht.

	richtig	falsch
a) Die chinesische Regierung baut einen „grünen Wall" gegen den Sand, weil man in Beijing kaum noch Auto fahren kann.	T	R
b) China verliert durch den Vormarsch der Wüste jährlich 2500 Quadratkilometer Wälder.	A	O
c) Der erste Versuch, eine „grüne Mauer" zu errichten, schlug auch deshalb fehl, weil man die falschen Baumsorten ausgesucht hatte.	D	S
d) Das Wort „Monokultur" bedeutet, dass auf einer Fläche ausschließlich eine Nutzpflanze angebaut wird.	U	V
e) Monokulturen sind besonders widerstandsfähig.	K	N
f) Waldschutzprojekte haben nur dann Erfolg, wenn der Mensch die Bäume überhaupt nicht nutzen darf.	I	G
g) Es braucht manchmal viel Geduld, um menschliches Verhalten zu verändern.	E	A
h) Ohne Unterstützung der Bevölkerung ist Politik oft nicht erfolgreich.	N	M

Das Lösungswort lautet: ☐ ☐ ☐ ☐ ☐ ☐ ☐ ☐

❸ Begründe deine Antworten.

V. Klimaschutz – was können wir machen?

4. Die chinesische Politikerin und der marokkanische Oasenbewohner

(Sprechblase: „Ist vielleicht sowas wie Beschäftigungstherapie??")

❶ **Wenn ihr den Text aus Übung 3 (Chinas „grüne Mauer") bearbeitet habt, dann solltet ihr fit für zwei kleine Rollenspiele sein.
Bestimmt hierzu die Teilnehmer.**

Erste Runde, es diskutieren:
1. eine chinesische Politikerin
   Ihr Ziel: Den Vormarsch der Wüste stoppen, um Wirtschaft, Wachstum und Ernährung nicht zu gefährden.
2. ein chinesischer Bauer
   Sein Ziel: Ein besseres Leben für sich und seine Familie.
3. ein chinesischer Biologe
   Sein Ziel: Das Überleben der Bäume sichern.

Zweite Runde, es diskutieren:
1. ein marokkanischer Oasenbewohner
   Sein Ziel: Den Lebensunterhalt für seine Familie und sein Vieh sichern.
2. eine deutsche Projektleiterin
   Ihr Ziel: Den Vormarsch der Wüste in diesem Landesteil stoppen.

Nehmt euch einige Minuten Zeit, um euch in eure Rolle hineinzudenken.
- Was wäre für euch ein Erfolg?
- Was wäre eine schlechte Lösung?
- Was könnt ihr unterstützen?
- Was wollt ihr verhindern?
- Was sind besonders starke Argumente?
- Gibt es Kompromisse?

❷ **Jede Runde dauert fünf Minuten. Dann solltet ihr euch auf mindestens drei gemeinsame Ergebnisse geeinigt haben.**

V. Klimaschutz – was können wir machen?

5. Lasst uns Millionen Bäume pflanzen … und andere Antworten der Zivilgesellschaft

❶ Lies das Interview.

Lasst uns Millionen Bäume pflanzen!

Die Kenianerin Wangari Maathai erhielt 2004 den Friedensnobelpreis. Ihre Organisation Green Belt Movement (Bewegung Grüner Gürtel) hat bisher 40 Millionen Bäume gepflanzt. Die ZEIT führte 2007 ein Interview mit ihr, das wir leicht gekürzt wiedergeben.

Frau Maathai, warum stoppen wir nicht endlich den Klimawandel?
Weil Menschen selbstsüchtig und habgierig sind und viele nur dann handeln, wenn sie die Gefahr sehen. Unsere Organisation hat ein Bewusstsein dafür geschaffen, dass die Regierungen Afrikas die Wälder nicht nach Belieben abholzen können, um daraus Profit zu schlagen.

Klingt, als seien die Afrikaner schuld an der globalen Erwärmung.
Verantwortlich sind die Industrienationen: Sie sind vom Öl abhängig und setzen Treibhausgase frei. Manche sind so mächtig, dass sie glauben, sie könnten sich vor den Folgen des Klimawandels abschotten. Niemand kann das.

Und das soll Klimasünder überzeugen?
Ich kann ja keinen Krieg anzetteln. Die Leute hier können herzlich wenig tun. Wie lange es beispielsweise noch Schnee auf dem Kilimandscharo gibt, hängt vor allem von der Klimapolitik der modernen Welt ab.

Nicht nur. Indien und China entwickeln sich. Auch sie werden das Klima enorm aufheizen.
Aber sie sind sich sehr wohl bewusst, wie sehr sie ihre Umwelt gefährden. Ich glaube, das Schlimmste wäre, aufzugeben. Wir müssen handeln, damit die betroffenen Weltregionen bessere Chancen haben. In Kenia spüren wir schon heute die Folgen des Klimawandels: längere Dürrephasen, Fluten und Verödung.

Was kann jeder von uns tun?
Bäume pflanzen! Wenn auch nur jeder sechste Mensch einen Baum pflanzen würde, gäbe es eine Milliarde neuer Bäume auf der Welt.

(Die ZEITonline Wissen 2007/2)

---

❷ Wangari Maathai ist eine Vertreterin der sogenannten Zivilgesellschaft. Deren Ziel ist es, durch die Mitarbeit von Bürgerinnen und Bürgern, das heißt durch Projekte, Kampagnen, Initiativen überall dort aktiv zu werden, wo die Politik zu langsam, die Menschen zu gleichgültig oder die Wirtschaft zu sehr auf raschen Gewinn orientiert ist. Zivilgesellschaftliche Organisationen haben gerade im Umweltbereich in den letzten Jahrzehnten stark an Einfluss gewonnen.

V. Klimaschutz – was können wir machen?

Die Überzeugung von Wangari Maathai ist klar: Klimaschutz durch Bäume! **Welche Lösungswege schlagen andere Organisationen vor?** Wir haben hier eine kleine Auswahl dieser sogenannten „Nichtregierungsorganisationen (NRO's oder englisch: Non-Governmental Organizations, NGO's) zusammengestellt:

- Greenpeace
- Bund für Umwelt und Naturschutz Deutschland (BUND)
- Robin Wood
- Global 2000
- WWF
- Atmosfair
- Germanwatch
- Weltzukunftsrat
- Deutsche Umwelthilfe
- Klima-Allianz
- Bergwaldprojekt

❸ **Sucht euch jeweils eine Organisation heraus und stellt sie vor.** Wenn ihr andere NRO's kennt, die sich im Umwelt- und Klimabereich engagieren, könnt ihr auch die vorstellen. Ihr könnt dabei auf Websites, Broschüren, Flugblätter etc. zurückgreifen. **Verfasst dann bitte ein superkurzes Profil der NRO:**

Name:
Gründungsjahr:
Sitz:
Organisationsziel:
Wer kann Mitglied werden:
Höhe des Mitgliedsbeitrags:
Wichtige Tätigkeitsbereiche:
Geforderte Maßnahmen zum Klimaschutz (maximal 3):

V. Klimaschutz – was können wir machen?

6. Energisch Energie sparen

Jedes Land, jede Stadt muss eigene Lösungen für die Klimaprobleme entwickeln. Wir sagten es bereits im Faktenkasten: Klimaschutz hat auch mit Energiesparen zu tun.

❶ **Lies bitte, was die „Märkische Allgemeine Zeitung" am 11. Dezember 2007 über eine Berliner Initiative geschrieben hat:**

Klimaschutz
CO2-Ausstoß in Berlin soll sinken

Berlin *Der Energieverbrauch* in Berliner Privathaushalten soll in Zukunft noch mehr sinken: Gestern haben die Senatverwaltung für Gesundheit, Umwelt und Verbraucherschutz sowie der Verband Berlin-Brandenburger Wohnungsunternehmen (BBU) eine entsprechende Klimaschutzvereinbarung im Berliner Rathaus unterzeichnet. Der Wohnungsverband erklärte sich laut gemeinsamer Mitteilung bereit, den *CO_2-Ausstoß* bis 2010 im Vergleich zu 1991 um 30 Prozent zu senken. Damit sollen mehr als 100 000 Tonnen CO_2 pro Jahr eingespart werden. Für die angestrebten Einsparungen sollen *regenerative Energien* intensiver genutzt und auf besonders sparsamen *Energieeinsatz* geachtet werden.

(Sprechblase: KLAR IST DER STROM FÜR DEN LIFT ZU KOSTSPIELIG – ABER MAN KÖNNTE ES DOCH AUCH MIT SOLARZELLEN PROBIEREN!)

(SENIOREN RESIDENZ GIPFELBLICK)

❷ **Gib nun die kursiv gedruckten Begriffe mit eigenen Worten wieder:**

a) Mit Energieverbrauch ist _____ gemeint.

b) CO2-Ausstoß bedeutet _____.

c) _____ Energien ist ein anderes Wort für regenerative Energien.

   Damit sind z. B. _____, _____ oder

   _____ gemeint.

d) Energieeinsatz bedeutet _____.

V. Klimaschutz – was können wir machen?

7. Die Wirtschaft und das Weltklima

Die Erderwärmung hat nicht zuletzt mit dem Beginn der Industrialisierung vor gut 200 Jahren zu tun. Seitdem haben die Menschen immer mehr Treibhausgase produziert. Doch in den letzten Jahren haben sich immer mehr Unternehmen den Klimaschutz auf die Fahnen geschrieben. Das hat natürlich auch mit den steigenden Energiekosten zu tun. Neue Technik hat oft eine bessere Energiebilanz. Das heißt, dass ich für weniger Strom mehr Leistung bekomme. Und das spart Geld und schützt die Umwelt.
Darüber hinaus lässt sich mit dem Klimawandel auch prima Werbung machen.

[Cartoon: Zwei Geschäftsleute steigen in ein Flugzeug. Sprechblase: „FLIEGEN SIE AUCH KURZ MAL ZUR MESSE FÜR KLIMANEUTRALE FORTBEWEGUNG?"]

❶ Untersucht anhand folgender Branchen, welche Rolle das Thema Klimawandel in der (Öffentlichkeits-)Arbeit der Unternehmen spielt.
Verteilt als Erstes die folgenden Industriezweige unter euch in der Klasse:

- ❖ Energieversorger
- ❖ Autobauer
- ❖ Lebensmittelindustrie
- ❖ Kosmetik/Chemische Industrie
- ❖ Banken/Versicherungen
- ❖ Touristikunternehmen/Fluggesellschaften/Bahn
- ❖ Elektronikindustrie

❷ Wenn du dich für eine Branche entschieden hast, dann mache dich auf die Suche nach

a) **Klimaprojekten**
b) oder einfach nur Beispielen für Werbung unter Verwendung der Begriffe „Klima" oder „Klimaschutz" (Werbung für Klimaanlagen etc. lass dabei bitte weg ☺!)

Tipp: Um fündig zu werden, kannst du Zeitungen und Zeitschriften durchforsten, auf Werbeplakate achten (die lassen sich auch prima mit dem Handy ablichten!), im Internet suchen usw.

Wir haben mal ein **Beispiel** aus dem Internet herausgesucht:

V. Klimaschutz – was können wir machen?

Thomas Cook buchen – und für den Klimaschutz handeln!

Alle reden über den Klimawandel – gemeinsam mit uns können Sie jetzt handeln! Thomas Cook und atmosfair bieten Reisenden die Möglichkeit, durch eine Spende einen Beitrag zum Umweltschutz zu leisten und ein ausgewähltes Klimaschutzprojekt zu unterstützen.

Sie können Ihre Spende direkt bei der Reisebuchung entrichten, um damit Klimagase durch Förderung von erneuerbaren Energien einzusparen. Die mit Ihrer Spende unterstützten Projekte müssen neben der Reduktion von Treibhausgasen auch einen Beitrag zur nachhaltigen Entwicklung leisten, ökologisch und sozialverträglich sein und werden von haftenden Prüfern geprüft.

Als umweltbewusster Reiseveranstalter übernimmt die Thomas Cook AG Verantwortung für unser Klima. Helfen Sie mit, werden auch Sie aktiv!

Wie funktioniert atmosfair?
Der von Ihnen freiwillig geleistete Klimaschutzbeitrag wird zum Beispiel in Solar-, Wasserkraft-, Biomasse- oder Energiesparprojekte in Entwicklungsländern investiert, um dort Treibhausgase einzusparen. Als Pilotprojekt unterstützt Thomas Cook eine Kleinwasserkraftanlage in Honduras, sichert dadurch die Stromversorgung in der Region und leistet einen wertvollen Beitrag zur Beschäftigungssituation. Mit Ihrem Klimaschutzbeitrag helfen Sie, dieses Projekt zu finanzieren.

Unabhängige technische Organisationen prüfen dieses und alle von atmosfair betreuten Projekte, um die Kompetenz nachzuweisen und die Nachhaltigkeit sicherzustellen. Sie können also sicher sein, dass Ihr Geld auch tatsächlich der Umwelt zugutekommt.

❸ **Stelle der Klasse die Ergebnisse deiner Suche vor. Wenn du dabei folgende Fragen beantworten kannst, hast du eine prima Präsentation:**

- ❖ Wo habe ich das Projekt/die Werbung gefunden?
- ❖ Zu welcher Branche gehört das Unternehmen?
- ❖ Handelt es sich um eine große, bekannte Firma? Kannte ich die Firma schon vorher?
- ❖ Wer soll angesprochen werden? Wer ist die Zielgruppe?
- ❖ Was ist die Botschaft/das Angebot des Projekts/der Werbung?
- ❖ Bin ich der Meinung, dass der Vorschlag der Firma für das Klima gut ist? Warum? Warum nicht?
- ❖ Würde ich das Produkt gern kaufen oder beim Projekt mitmachen? Warum? Warum nicht?
- ❖ War das Projekt/die Werbung witzig gemacht oder eher langweilig?
- ❖ Was mir sonst noch auffiel ...

❹ **Suche dir eine Branche aus und entwirf selbst eine Klima-Kampagne oder einen Werbetext für die Zeitung mit einer Klimabotschaft.**
Die Leitfragen aus Teil 3 der Übung können dir erste Anhaltspunkte bieten.

V. Klimaschutz – was können wir machen?

8. Klimaschutz und Klassenfahrt

❶ Klima hautnah erleben im Klimahaus® Bremerhaven.

Vielleicht habt ihr die Möglichkeit, einen eurer nächsten Klassenausflüge unter das Thema Klimaschutz zu stellen. Öde Idee? Nur auf den ersten Blick!
Stellvertretend für die bunte deutsche Museums- und Ausstellungslandschaft stellen wir euch hier das „Klimahaus Bremerhaven" vor. **Lies den kurzen Text.**

Rund 25 Zentimeter ist der Meeresspiegel der Nordsee in den vergangenen 100 Jahren angestiegen. Grund genug für eine Küstenstadt, sich mit den Ursachen und Folgen dieser Veränderung zu beschäftigen sowie über Lösungen nachzudenken.
Bremerhaven hat sich das zur Aufgabe gemacht. Die Stadt liegt an der Wesermündung auf dem 8. Längengrad Ost. Ab März 2009 können Besucher im Klimahaus® Bremerhaven entlang dieses 8. Längengrades eine Weltreise unternehmen. Sie durchwandern unterschiedliche Klimazonen und treffen auf Menschen, deren Leben durch ihre Umwelt stark geprägt ist. Sie erleben extreme Temperaturen und finden erstaunliche Tiere und Pflanzen. Viele spielerische interaktive Angebote helfen den Weltreisenden auch, komplizierte Zusammenhänge im Klimageschehen der Erde zu begreifen.
Die virtuelle Reise führt von Bremerhaven zuerst auf einen Schweizer Bergbauernhof. Von dort geht es über Sardinien nach Niger in die afrikanische Sahelzone und in die Regenwälder von Kamerun. Danach durchquert man die Antarktis, macht einen Abstecher zu den Korallenriffen Samoas, findet sich in Alaska wieder und beschließt die Reise um den Globus mit der Nordseehallig Langeneß.
Im Ausstellungsbereich „Elemente" können Besucher erfahren, wie das Erdklima „gemacht" wird und warum das Wetter immer häufiger verrückt spielt. Man kann mit Sonnenstrahlen experimentieren oder selbst „einen Sturm verursachen".
Dass die Gletscher abschmelzen, das weiß mittlerweile nicht nur jeder Wintersportler. Doch erst, wenn eine Geröll-Lawine von 30.000 Pingpongbällen über die Besucher niedergeht, bekommen die eine Vorstellung davon, was Klimawandel für einen Schweizer Bergbauern bedeuten kann.
Wie es sich anfühlt, im glühend heißen Sahel, von Fliegen umschwirrt und aus allen Poren schwitzend, Wasser zu holen, das können die Besucher ebenfalls am eigenen Leib erleben. So können sie in dieser Erlebniswelt lernen, was ihr Verhalten mit dem Schutz unserer Erde zu tun hat.

❷ Neugierig geworden? Dann plant euren nächsten gemeinsamen Ausflug aktiv mit. Teilt euch dazu in drei Gruppen auf und erarbeitet Vorschläge.

Gruppe 1:
Klimahaus® Bremerhaven, Deutsches Museum München oder andere große **überregionale** Museen, die sich in **Dauerausstellungen** mit dem Thema „Klimawandel" befassen.
Wie kommt ihr an die Informationen? Z. B. indem ihr „Klimawandel", „Klima", „Ausstellung", „Museum" in eine Suchmaschine eingebt. Oder über die Webseite: www.deutsche-museen.de. Oder indem ihr aktuelle Zeitschriften und Zeitungen durchblättert bzw. eure Eltern oder Freunde fragt.

V. Klimaschutz – was können wir machen?

Gruppe 2:
Regionale Museen mit wechselnden Angeboten, wie z. B. das Frankfurter Senckenberg Museum, das Westfälische Museum für Archäologie in Herne etc.
Prima ist z. B. die Seite www.webmuseen.de, wo sich viele Regionaltipps finden. Auch www.deutsche-museen.de hilft weiter. Aber auch eure Stadtbücherei hat vielleicht einige Informationen. Ansonsten gilt auch hier: Eltern, Freunde, Nachbarn fragen.

Gruppe 3:
Ausstellungen oder **Projekte** in der **näheren Umgebung,** d. h. in eurer Heimatstadt oder in der Nachbargemeinde. Hier kann man sich beim Bürgeramt seiner Stadt erkundigen. Aber auch Bürgerinitiativen oder Organisationen wie NABU oder GREENPEACE fragen. Erkundigt euch, was in eurer Nachbarschaft zum Thema Klimaschutz läuft und ob man bei einem Schulausflug mehr erfahren kann. Vielleicht gibt es auch eine Firma, die gerade eine neue Initiative startet. Gibt es einen größeren Betrieb, der vielleicht gerade Solarzellen installiert? Was treiben die Stadtwerke? Einfach anrufen und nachfragen.

❸ Wenn ihr eine Antwort auf eure wichtigen Fragen gefunden habt, dann erarbeitet in eurer Gruppe eine Präsentation, am besten mit selbst gemachten Plakaten.
Ziel ist es, Lehrer und Mitschüler davon zu überzeugen, beim nächsten Ausflug euer Lieblingsprojekt oder -museum anzusteuern.

Eure Plakate können z. B. wie folgt aussehen:

UNSER VORSCHLAG

Wir sind für den Besuch der Ausstellung
in _____,
weil

- wir dort viel Spaß haben werden,
- man selber viel machen/ experimentieren kann,
- meine Freundin schon da war und es super fand,
- die Internetseite wirklich toll ist,
- es spezielle Angebote für Schulen gibt,
- wir da nicht so weit fahren müssen,
- usw. (= eure Argumente)

❹ **Habt Ihr interessante Vorschläge erarbeitet? Vielleicht sogar Fotos dazugepackt? Welche Gruppe hat euch am meisten überzeugt? Was waren die erfolgreichen Argumente?**

V. Klimaschutz – was können wir machen?

9. Zu guter Letzt: Der mülltrennende Bulettenesser mit dem Sportwagen

Eine Aufgabe für all diejenigen, die gern knifflige Fragen lösen: Vor euch stehen fünf Häuser verschiedener Farbe; die Bewohner sind unterschiedlicher Nationalität; das, was sie gern essen, unterscheidet sich ebenso wie ihr Umgang mit Energie bzw. mit der Umwelt und ihre Fahrzeuge.

Eure Aufgabe besteht darin, die Reihenfolge der Häuser zu bestimmen und ihnen die Bewohner mit ihrem Lieblingsessen, dem Umweltverhalten und den Fahrzeugen zuzuordnen. Markiert die Häuser je nach ihrem Anstrich farbig.

Tipp: Die Aufgabe lässt sich am besten in kleineren Gruppen lösen. Welche ist am schnellsten?

1. Der Sportwagen wird regelmäßig vom Nachbarn mit Tomaten beworfen.
2. Der Inder wohnt nicht neben dem Mann mit dem elektrischen Rasenmäher.
3. Die Farbe des ersten Hauses ergibt sich, wenn man die Farben des dritten und fünften Hauses mischt.
4. Der Franzose hat nur einen Nachbarn.
5. Die Vegetarier wohnen nebeneinander.
6. Die Asiaten wohnen nebeneinander.
7. Der Amerikaner wohnt neben dem orangenen Haus.
8. Zwischen den Häusern, vor denen Fahrrad und Sportwagen stehen, sind zwei Häuser.
9. Der Kenianer hat einen Jeep.
10. Da der Franzose an der Küste wohnt, isst er Schnitzel.
11. Der Mini hat Solarzellen auf dem Dach, wie das Haus, vor dem er steht.
12. Der mülltrennende Steakesser wohnt neben dem gelben Haus.
13. Wenn der Amerikaner mit seinen Energiesparlampen den Inder besucht, bekommt er Tomaten.
14. Das Fahrrad im lila Haus lehnt sich gern an die Limousine des Franzosen im Nachbarhaus.
15. Im orangenen Haus wird abends der Kamin befeuert.
16. Das blaue Haus gehört dem Inder.
17. Der Amerikaner bewohnt das grüne Haus am Rand.
18. Der Tomatenliebhaber wohnt neben dem Bulettenesser.
16. Salat gibt es im Eckhaus.
17. Das blaue Haus ist zwischen Jeep und Fahrrad.
18. Der Kenianer wohnt neben dem Salatesser.
19. Der Japaner wohnt neben dem Mini.

V. Klimaschutz – was können wir machen?

Lösungen

Kapitel 1. Wie das Klima auf der Erde „gemacht" wird

2. Wörter-Wirrwarr: Wetter, Witterung und Klima

❶ **Wetter:** Wetteramt, Wetterveränderung, Wetteraussichten, wetterbedingt, Wetterbericht, wetterbeständig, Wetterdienst, Wetterdiskussion, Wetterfahne, wetterfest, Wetterfrosch, wetterfühlig, Wettergott, Wetterhahn, Wetterhäuschen, Wetterkarte, Wetterkatastrophe, Wetterlage, Wetterleuchten, Wetterprognose, Wetterschwankungen, Wetterstation, Wetterumschwung, Wettervorhersage, Wetterwechsel, wetterwendisch

Witterung: witterungsbedingt, witterungsbeständig

Klima: Klimaänderung, Klimaanlage, klimabedingt, Klimadiskussion, Klimaforschung, Klimagas, Klimakarte, Klimakatastrophe, Klimakiller, Klimapolitik, Klimaprognose, Klimaschwankungen, klimaschädlich, Klimasünder, Klimaschutz, Klimasystem, Klimawandel, Weltklima, Weltklimarat, Klimazone

3. „Man nehme ..." Rezepte aus der Wetterküche

❶ **„Zutaten" Hurrikan:** Windstärke 12, gelingt am besten Juni bis November, braut sich über dem Meer zusammen, Erwärmung des Wassers an und unter der Oberfläche auf über 26,5 Grad, starke Verdunstung, Unterdruck, Rotation von Luftmassen, windfreies Zentrum, das „Auge" des Sturms

❷ **„Zutaten" Gewitter:** Aufsteigen warm-feuchter Luft in kältere Schichten, Entstehung einer massigen hohen Wolke, in Höhen von 5–6 km werden aus Wolkentropfen Eiskristalle, die Tröpfchen und Kristalle laden sich elektrisch auf, es gibt negativ und positiv geladene Teilchen, die Elektrizität entlädt sich zwischen Wolken und Erde, die Spannung steigt auf bis zu 10 Millionen Volt, die Ausdehnung der im Blitzkanal aufgeheizten Luft lässt es knallen, rumpeln und grollen

❸ **„Zutaten" Föhnwind:** feuchte Luft wird vor dem Gebirge zum Aufsteigen gezwungen, es kommt zu Steigungsregen, hinter dem Bergkamm sinkt die Luftfeuchte, schnelle Erwärmung und Trocknung der herabströmenden Luft, der Wind ist landabwärts gerichtet.

4. Keinen Tag Langeweile: Alexander von Humboldt

❶ Die Reihenfolge lautete:
L E H O D C J B Q F P K I A R G N S M T

❷ b) **Name:** von Humboldt, **Vorname:** Alexander, **Geburtsort und -jahr:** Berlin 1769, **Eltern:** Alexander Georg von Humboldt, Maria Elisabeth von Holwede,

Schulbildung: Hauslehrer
Hochschulausbildung: Studium: u. a. Zoologie, Biologie, Bergakademie
Berufserfahrung: Bergbau (Staatsdienst)
Auslandsaufenthalte: Südamerika und Nordamerika, Sibirien/Russland,
Besondere Kenntnisse: Klima- und Wetterforschung
Sonstiges: Er konnte sehr gut zeichnen, war an allen Naturwissenschaften interessiert.

5. Die Wolken-, Wind- und Wasserzunft: Wir laden zum Klima-Kongress

❷/❸

Professor Gerlinde Löchelsau, Geographin	☒ N
Gisela Eisenmagen, Meteorologin	☒ K
Henriette Hühnermund, Mitglied des Deutschen Bundestages	☒ D
Robert Schwallendorf, Journalist	☒ M
Stefan Schachtschabe, Jurist/Umweltrecht	☒ E
Wolfgang Dunkelhase-Dümpelfeld, Wassermanagement	☒ L
Professor Bernhard Bratvogel, Informatiker	☒ F

Lösungen

5. Fortsetzung

Detlev von Drehkopf, Ingenieur	☒ G
Gisela Gänsehals, Erdgeschichtlerin	☒ H
Professor Karin Knüppelholz, Agrarwissenschaftlerin	☒ B
Wiebke Wucherpfennig, Immobilien	☐☐
Monika Muschel, Ozeanologin	☒ I
Dr. Volker von der Made, Biologe	☒ J
Dr. Frank Fleischer, Chirurg	☐☐
Professor Oskar Ofenloch, Mathematiker	☒ A
Dr. Heinz Hackmann, Veterinär	☐☐
Professor Ludwig Leiche, Chemiker	☒ C
Ralf Rathgeber, Psychologe	☐☐

Keine Verwendung hat man vermutlich für Wucherpfennig, Fleischer, Hackmann, Rathgeber.

6. Viel Kult ums Klima: Wettergötter

b) Ideal passen auf die Ausschreibungen: Ra, Helios, Thor/Donar, Huracan

c) Eos, Zeus, Jupiter und Petrus passen nicht.

7. Von der Mythologie zur Meteorologie: eine kleine Geschichte der Wetter- und Klimaforschung

K	um 2000 v.Chr.		C	1820
L	um 350 v. Chr.		H	1929
I	um 1597		E	1951
M	1643		R	1960
A	1661		I	1963
F	1752		N	1988
O	1781			
R	1787			
S	1817			

Das Lösungswort lautet: KLIMAFORSCHERIN

8. Am Anfang war das Menschenhaar: Wetter- und Klimabeobachtungen

a) Richtig. Die Bezeichnung meint den witterungsbestimmenden Faktor der geographischen Breite und die damit verbundene mittlere Neigung des Sonnenstandes.

b) Falsch

c) Richtig. Meteor bedeutet „Himmelserscheinung". Die Meteorologie ist „die Lehre von den am Himmel befindlichen Dingen".

d) Falsch. Es bedeutet „Wärmemessgerät"

e) Falsch. Galileo Galilei entwickelte 1592 das erste Thermometer in Italien.

f) Richtig

g) Falsch: Es ist genau andersherum. Viele Stoffe, so auch das menschliche Haar, dehnen sich bei Feuchtigkeit aus und ziehen sich bei Trockenheit zusammen.

h) Richtig

i) Falsch: „Tiros" der erste Wettersatellit wurde von den USA 1960 in die Erdumlaufbahn geschossen

j) Richtig

Das Lösungswort lautet LAUBFROSCH. Während der Frosch in freier Natur tatsächlich nach oben klettert, um Insekten zu fangen, erklimmt er in Gefangenschaft lediglich aus Freiheitsdrang seine Leiter.

Lösungen

9. Bauernregeln

❶ Viele Bauernregeln sind „Hochrechnungen". Die Bauern schließen von einem Wetterphänomen (Sonne, Regen, Donner, Gewitter), das zu einem bestimmten Zeitpunkt (morgens, abends), an einem bestimmten Tag (Lichtmess, sonntags) oder in einer bestimmten Zeitperiode (März, April, Mai, Vollmondzeit) beobachtet wird, auf das Wetter, das – ihrer Erfahrung nach – auf solche Phänomene mit Regelmäßigkeit folgt. Andere Bauernregeln gehen von wetterbedingten Beobachtungen aus (Drehen des Wetterhahns, Blühen der Bäume, Schäfchenwolken am Himmel), funktionieren aber ganz ähnlich.

❷ Wir kennen die meisten dieser Sprüche nicht mehr, weil wir nicht mehr in der und mit der Natur leben und uns die Wettervorhersage aus dem Fernsehen liefern lassen. Für die Bauern war jedoch früher die Beobachtung des Wetters überlebenswichtig.

❸ Fast alle Bauernregeln laufen nach dem Wenn-dann-Muster: Beschreiben also ein Verhältnis von Ursache und Wirkung (Das nennt man: Kausalität.).

10. Für zwischendurch: Von Hundstagen und Eisheiligen

❶ C, ❷ A, ❸ B, ❹ A, ❺ D

Kapitel II: Was das Klima mit uns „macht"

2. Lebensformen und Klimazonen

Die zu ergänzenden Wörter, der Reihe nach und nach Abschnitten sortiert:

Klima, alten Griechen, Globalisierung, beseitigen;
Tropen, Niederschlägen, Äquators, Wendekreis, Kontinenten, Regenwälder, Feuchtsavannen, artenreich, Tag- und Nachtgleiche, Vegetationsperiode;

Zonen, Landwirtschaft, Artenvielfalt, Trockenzeiten;
Europa, Jahreszeiten, Winter, nördlichen, Niederschläge, Sonneneinstrahlung;
Kältewüsten, Polarkreises, südlichen, Polartages, Polarnacht, Grönland

3. Wo reisten sie denn?

❸ A. Ghana = Tropen (4);
   (Ryszard Kapuściński 1932-2007)
B. Jakutsk = Sibirien, Polarzone (1)
   (Ryszard Kapuściński 1932-2007)
C. Norderney = gemäßigte Zone (2)
D. Ruanda = Tropen (4)
   (L. Bärfuss, geb. 1971)
E. Workuta = Polarzone (1)
   (Ryszard Kapuściński 1932-2007)
F. Hudson Bay = Sub-Polarzone (1)
   (18./19. Jahrhundert)
G. Amazonasgebiet = Tropen (4)
   (Alexander von Humboldt, 1769-1859)
H. Thailand = Tropen (4)
   (Ernst von Hesse-Wartegg, 1851-1918)
I. Südpol (von Chile besetzt) (1)
   (20 Kinder aus der Siedlung „Las Estrellas")
J. Ecuador = Tropen (4) (Höhenlage!)
   (Alexander von Humboldt, 1769-1859)
K. Deutschland/Polen = gemäßigte Zone
   (Walter Mayr)

Schlüsselwörter:
A. Sonne wie Ball nach oben geschleudert = Äquator
B. Unterricht fällt wegen Kälte aus
C. Dünen, Schafe, Insel
D. Nacht fällt wie Fallbeil
E. Lichtvorhang = Polarlicht
F. Trapper düsterer langer Winter, Jagen auf Eisschollen
G. üppige Pflanzen, dicker Wald
H. Lotosblumen, Reis, Menam
I. Tag dauert nur vier Stunden
J. Kondor, Antisana
K. Seggenrohrsänger, Wachtelkönig, Auer

Lösungen

5. Nicht ohne Lichtschutzfaktor: Der Weihnachtsmann macht Slip-Slap-Slop

❷ Die richtigen Antworten sind: a) B, b) A, c) B, d) C, e) B, f) A, g) C, h) A

6. Ursache und Wirkung

1 G
2 L
3 A P
4 R
5 B K
6 C

7 D
8 N
9 H E
10 F Q
11 M O
12 I J

7. Arm und reich auf der Erde verteilt

Anmerkung: Die Angaben stammen aus dem Jahr 2005. Die Indikatoren für Armut waren: 1. die Wahrscheinlichkeit, den 40. Geburtstag nicht zu erleben, 2. die Alphabetisierungsrate unter Erwachsenen, 3. der Anteil der Bevölkerung, der keinen gesicherten Zugang zu adäquater Wasserversorgung hat, 4. der Anteil untergewichtiger Kinder pro Altersgruppe, 5. der Anteil der Bevölkerung, die unterhalb der Armutsgrenze (1 US $ pro Tag und Person) leben.

	Arktis	Gemäßigt	Subtropisch	Tropisch
Niger				X
Sierra Leone				X
Mali				X
Burkina Faso				X
Guinea Bissao			X	
Zentralafrikanische Republik				X
Tschad				X
Äthiopien			X	X
Burundi				X
Mozambique			X	X
Norwegen		X		
Island	X			
Australien			X	X
Irland		X		
Schweden		X		
Kanada	X	X		
Japan		X		
USA	X	X	X	
Schweiz		X		
Niederlande				

Hinweis: Die klimatischen Bedingungen stellen neben anderen Ursachen wie politisches System, Bildung, Rohstoffvorkommen oder Handelsbeziehungen nur einen Faktor bei der weltweiten Verteilung von Armut und Reichtum dar.

8. Die Hochkulturen und das Wasser: Vertrocknete die Maya-Kultur?

❷ Das Lösungswort lautet HONDURAS

Lösungen

9. Angepasste Lebensweisen und verrückte Experimente: „Ich wollt, ich wär' unter dem Meer" – von Tulpen und Tomaten hinterm Deich

❷ a) optimal = auf bestmögliche Weise
b) „Tide" ist der niederdeutsche Begriff für „Gezeiten", also für den Zyklus von Ebbe und Flut.
c) Individuelle Antwort, siehe Text
d) Individuelle Antwort, siehe Text
e) Sie produzieren Gemüse für uns.

f) Sturmflut an der Nordseeküste/in Hamburg von 1962; Elbehochwasser von 2002 in Sachsen, Sachsen-Anhalt und Niedersachsen, auch die Tschechische Republik war betroffen; Oderflut von 1997, auch für Polen schwere Folgen
g) Übersiedler sind z. B. Strauße (Fleischproduktion), Tomaten, Paprikaschoten, Tabak, Kartoffeln.

10. Von Höhlen und Häusern: Klimabewusst wohnen

a	b	c	d	e	f	g	h	i	j	k	l
C	J	I	F	A	D	E	K	B	L	H	G

Kapitel III: Macht der Mensch das Klima?

2. Passt der Mensch auf die Erde?

Zusätzliche Infos und Kommentare unter:
www.nachhaltigkeit.aachener-stiftung.de/artikel/kologischer_fussabdruck_733.htm

3. Klimagase - die Motoren des Treibhauseffektes

❷ CH_4 – Kuh
CO_2 – Kohlekraftwerk
HFC – Kühlschrank

N_2O – Düngersack
PFC – Getränkedose
SF_6 – Hochspannungsmast

4. Brauner Dunst: die Kuhfladen und das Klima

❷ Wirkungskette, z. B.:
Menschen verbrennen Kuhdung und Pflanzenreste. → Es bildet sich Rauch. → Der Rauch vereinigt sich zu einer riesigen Wolke (= brauner Dunst). → Die Wolke verringert die Sonneneinstrahlung. → Im Sommer wird dadurch die Aufheizung der Landmasse gebremst. → Dadurch kann die Luft nicht aufsteigen und Platz für die feuchten Winde vom Ozean machen. → Der Monsun tritt verspätet oder schwächer ein. → Es fällt weniger Regen. → Der wasserintensive Reisanbau ist gefährdet.

Lösungen

5. Auf großem Fuß: Der ökologische Abdruck einer Banane

❶ b)

	Arbeitsschritte
1	Der Boden wird für die Anlage einer Plantage vorbereitet.
2	Nach neun Monaten tragen die jungen Bananenstauden erste Früchte.
3	Während ihres langen Wachstums müssen die Stauden pausenlos „betreut" werden.
4	Bei der Ernte werden die bis zu 50 Kilogramm schweren Bananenstauden abgeschnitten und zur Verpackungshalle getragen
5	Die grünen Bananen werden versandfertig gemacht.
6	Der Transport zum Verladehafen geschieht per LKW.
7	Der Export erfolgt in Containern per Schiff oder Flugzeug.
8	Nach Ankunft im Zielland werden die Bananen in Reifereien transportiert.
9	Von dort geht es per LKW oder Bahn zum Großmarkt.
10	Der letzte Schritt der Vermarktung ist die Verteilung zu den Verkaufsstellen.

❷ b)

Nr.	Arbeitsschritte der Bananenproduktion im Detail	Folgen/Umwelt
1	**Anbau** 1.1 Brandrodung von tropischem Regenwald 1.2 Der Boden wird gepflügt und von Bewässerungsgräben durchzogen. 1.3 Der Boden wird mit Düngemitteln fruchtbar gehalten. 1.4 Unkraut und Bodenschädlinge werden durch Pestizide bekämpft. 1.5 Pilzerkrankungen der Staude werden durch Spritzmittel verhindert, die meistens aus der Luft, per Flugzeug, ausgebracht werden. 1.6 Zum Schutz vor Insekten werden die Stauden nach der Blüte mit Plastiksäcken überzogen.	☹ ☹ ☹ ☹ ☹ ☹
2	**Ernte** 2.1 Die Ernte erfolgt größtenteils von Hand, da die Früchte sehr druckempfindlich sind. 2.2 Die von Hand geernteten Büschel landen dann per Seilbahn in der Packstation. 2.3 Die Büschel werden geerntet, Plastikumhüllungen, Seile und der nach der Ernte umgehackte Stamm der Staude landen auf dem Müll.	☺ ☹ ?
3	**Packstation** 3.1 In der Packerei werden die Bananen sortiert, unbrauchbare Früchte landen auf dem Müll. 3.2 Dem Waschwasser sind Tiabendazol und Aluminiumsulfat beigegeben, damit die Früchte auf dem Transport nicht verderben. 3.3 Die gewaschenen Banane werden in Kartons verpackt. 3.4 Aus der Packerei werden die Kartons auf LKW verladen.	? ☹ ? ☹
4	**Exporthafen** 4.1 Im Exporthafen beladen Kräne die Containerschiffe.	☹
5	**Transport** 5.1 Transport per Schiff oder Flugzeug bei einer „Stillhaltetemperatur" von 13,5 Grad Celsius.	☹
6	**Importhafen** 6.1 Die Containerschiffe werden am Ankunftsort mit Kränen entladen. 6.2 Vom Hafen werden die Bananen per LKW zum Reifen in große Lagerhallen gebracht.	☹ ☹
7	**Reiferei** 7.1 Erhöhung der Temperatur und Besprühen der Bananen mit dem Pflanzenhormon Ethylen, der Reifungsprozess dauert mindestens 8 Tage. 7.2 Nach dem Reifungsprozess gelangen die Bananen per LKW zum Großhändler.	☹ ☹
8	**Großhandel** 8.1 Die Lagerung beim Großhändler erfolgt in gekühlten Hallen.	☹
9	**Einzelhandel** 9.1 Einzelhändler kaufen die Bananen im Großmarkt und bringen sie mit dem LKW zur Verkaufsstelle.	☹

Lösungen

❸ Gruppe 1: Schritte 1.4, 1.5, 2.1 und 3.2 können zu Gesundheitsschäden führen. Darüber hinaus existiert das Risiko der Verseuchung der Wasserquellen durch Pestizide sowie von Gesundheitsrisiken durch Müllkippen.

Gruppe 2: Bei der Ernte und in der Packstation werden oft Tagelöhner beschäftigt, die für geringes Entgelt schwere körperliche Arbeit leisten.

Gruppe 3: Alle mit ☹ markierten Zeilen.

6. Von Menschen gemacht oder naturbedingt?

von Menschen gemacht	natürliche Schwankungen	neutral/weiß nicht
b) Seit dem Beginn des Industriezeitalters, d. h. seit Ende des 18. Jahrhunderts, hat der Mensch durch zahlreiche Aktivitäten seine Umwelt stark verändert.	a) Baumringe, Meeressedimente, Eisbohrkerne und andere Klimaarchive verraten, dass sich unser Klima mehrmals durch den plötzlichen Wechsel von Wärme und eiszeitlicher Kälte verändert hat.	e) Unser Klima wird am stärksten durch Veränderungen der Wärmestrahlung der Sonne, Vulkanpartikel und das Gemisch von Treibhausgasen geprägt.
c) Industrie, Kraftwerke, Verkehr, Landwirtschaft und private Haushalte bewirken die Zunahme klimawirksamer Gase in der Erdatmosphäre.	n) Auch die natürlichen Klimafaktoren (Sonne, Vulkanausbrüche usw. tragen zur Erwärmung bei.	h) Die global gemittelte Lufttemperatur hat seit Anfang des 20. Jahrhunderts um etwa 0,7 Grad Celsius zugelegt.
d) Immer mehr Wissenschaftler sind davon überzeugt, dass der Mensch Einfluss auf das Weltklima hat.		i) Satellitenmessungen zeigen, dass die Temperaturen auch in größeren Höhen leicht ansteigen.
f) Treibhausgase haben sich im 20. Jahrhundert zur treibenden Kraft klimatischer Wandlungen entwickelt.		j) Bei Zunahme der Konzentration der Treibhausgase (Kohlendioxid, Methan und Lachgas) wird die Wärmestrahlung der Erde wie in einem Glashaus zurückgehalten.
g) Ein verstärkter Treibhauseffekt lässt die Ozeane nicht kalt: Denn bei steigenden Temperaturen dehnen sich die oberflächennahen Wasserschichten aus. Es kommt zu einem Anstieg der Meeresspiegel.		k) Erdgeschichtler haben herausgefunden, dass drei der letzten acht Jahre die wärmsten der letzten sechs Jahrhunderte waren.
l) Weltweit schwinden die Gletscher. In den Polargebieten schmilzt das Eis.		m) Der globale Wasserkreislauf wandelt sich: Niederschläge über Land haben in großen Teilen der Nordhalbkugel merklich zugenommen.
o) Experten befürchten, dass die globale Erwärmung bis zum Jahr 2100 bis zu 3,5 Grad betragen könnte.		

Kommentar:
Konsequenzen sind unter anderem steigendes Hochwasserrisiko, zunehmende Wüstenbildung in den Mittelmeerländern, weniger Sommer-, mehr Winterregen, Zunahme der Wirbelstürme und die Schwächung des Golfstroms.

Auswertung: Vielfach ist es nicht leicht, die Aussagen der ersten oder der dritten Spalte zuzuordnen, die Zuordnung ist also eine Frage der Interpretation: Wir können z. B. die neutrale Feststellung treffen, dass drei der letzten acht Jahre die wärmsten der letzten sechs Jahrhunderte waren; wir können diese Wärmerekorde aber auch so erklären, dass sie von Menschen verursacht wurden.

Lösungen

7. Von Bohnen und Bäumen: Wir nehmen an einer Klimakonferenz teil

Tipp: Die Schüler sollte diese Aufgabe zu Hause vorbereiten, damit im Unterricht Zeit zur Diskussion bleibt.

❸ Systemabsturz

Saal 1
Fischbein: Importeur von Kokosfasern
Otten: Torf: billig, praktisch, unverzichtbar
Untermayer: Wichtige Kohlenstoffspeicher: unsere Moore
Lübben: Bürgerinitiative „Stecht unsere Moore nicht ab"
Tabken: Amt für Wasserwirtschaft
Susemiel: Verbraucherberatung zum Thema Umweltschutz

Saal 2
Timberland: Holzkaufmann
Rabarison: Wirtschaftministerium der Republik Madagaskar
Schnittchen: Tropische und Subtropische Wälder: Die pharmazeutischen Schatzkammern der Erde
Deppenwiese: Europäische Stiftung Weltbevölkerung

Freudenschuss: Der Freudenstädter Beitrag zum Artenschutz: die erfolgreiche Zucht madagassischer Lemuren
Muckenhirn: Kakaoimporteur

Saal 3:
Karimov: Baumwolle: unser größter Devisenbringer
Canaletto: Umweltprogramm der Vereinten Nationen UNEP
Hoppegarten: Medizinerin
von Adebar: Die Bedeutung von Binnenmeeren für das Kontinentalklima
Nasarbajev: Fischereigenossenschaft der Karalkapaken
Spiegelmann: Warum mehr Geld in bessere Bewässerungskanäle fließen muss

8. Klimakiller und andere k.o.-Wörter

um die Ecke gedacht	Begriffe (in euren Worten)	Bedeutung
1. sonnige kleine Räume	c) Solarzellen	Elektrische Bauelemente, die die im Sonnenlicht enthaltene Strahlungsenergie direkt in elektrische Energie wandeln.
2. als Getränk ungenießbar	m) Biodiesel	Aus Pflanzenölen oder tierrischen Fetten gewonnerener Dieselkraftstoff
3. Lieblingswort der Politiker, denen es um längere Wirkung geht.	g) Nachhaltigkeit	Meint die Nutzung eines (natürlichen) Systems in der Weise, dass dieses System erhalten bleibt und nachwachsen kann
4. Stromquellen, die sich nicht verbrauchen	l) erneuerbare Energien	Bezeichnet Energie aus nachhaltigen Quellen, die unerschöpflich sind bzw. sich stets regenerieren
5. Der vertritt bestimmte Interessen.	p) Lobbyist	Lobbyisten versuchen, Entscheidungsträger von Politik und Verwaltung gezielt im Interesse der von ihnen vertretenen Gruppen oder Verbände zu beeinflussen.

Lösungen

8. *Fortsetzung*

6. Auch mit Gasen lässt's sich handeln.	o) Emissionshandel	Die Betreiber von Kraftwerken und anderen Industrieanlagen erhalten Zertifikate, die zum Ausstoß einer genau festgelegten Menge an CO_2 berechtigen. Vermindert das Unternehmen den CO_2-Ausstoß, kann es Zertifikate verkaufen, andernfalls muss es welche zukaufen.
7. Nein, es ist nicht die Luft in einem Gewächshaus.	j) Treibhausgase	Gasförmige Stoffe in der Luft, die für den „Treibhauseffekt", die globale Erwärmung, sorgen.
8. Modelle, die sich an eurem Lieblingsspielzeug entwerfen lassen.	f) Computersimulation	Durch ein am Computer entwickeltes Modell versucht man, Entwicklungen vorherzusagen.
9. Sie versündigen sich nicht nur an unserer Umwelt, sondern ermorden sie gar.	a) Klimakiller	Gesamtheit aller Faktoren (Brandrodung, Rinderzucht, Energieverbrauch etc.), die das bestehende Klima schädigen
10. Sie sind uralt, aber heizen uns kräftig ein.	n) fossile Brennstoffe	Brennstoffe wie Kohle, Erdgas und Erdöl, die in geologischer Vorzeit aus Abbaubauprodukten von toten Pflanzen und Tieren entstanden sind
11. Hat weniger mit hohen Bergen als vielmehr mit hohen Tieren zu tun.	h) Klimagipfel	Hochrangige Konferenz (Gipfelkonferenz), bei der es um Klimafragen geht
12. Wie wird es morgen sein? Hier wagt man schon mal einen Blick in die Zukunft.	b) Prognose	(wissenschaftlich gestützte) Vorhersage eines Ereignisses, eines Vorgangs oder einer Entwicklung
13. Leider sind sie nicht unerschöpflich.	k) Ressourcen	Hier: Die auf der Erde vorhandenen Rohstoffe und Energiequellen
14. Auch die Nutzung kann man übertreiben.	i) Raubbau	Die – am kurzfristigen Gewinn orientierte – Nutzung der Natur- und Bodenschätze ohne Rücksicht auf die Folgewirkungen
15. Die Amerikaner haben es nicht unterschrieben.	d) Kyoto-Protokoll	In der japanischen Stadt Kyoto wurde am 11.12.1997 ein Klimaschutzabkommen verabschiedet, das verbindliche Zielwerte für den Ausstoß von Treibhausgasen festlegt. 177 Nationen haben es anerkannt.
16. Wie schön, wenn man Dreck machen darf.	e) Verschmutzungsrechte	Rechte zum CO_2-Ausstoß (s. Emissionshandel)

Lösungen

Kapitel IV: Erderwärmung – macht das was?

2. Medien und Meinungsmache: Wie dramatisch ist der Klimawandel?

❶ Unrast: A, B, D, E, H, I, K, L, N, Q, T, U, W, X, Y, Z
Wartewahl: C, D, F, G, J, L, M (ironisch) O (ironisch), P, R, S, V
Weißnicht: D, G, J, S, U

Auch andere Zuordnungen sind bei guter Argumentation möglich.

4. Kein Grund zum Jodeln – Klimawandel in den Alpen

❷ b)
Skisport: Rückgang der Einnahmen durch Abwanderung von Touristen, höhere Kosten durch Schneekanonen und ggf. neue höhere Pisten, Verlust von Arbeitsplätzen, Schließung von Anlagen, Schäden durch Erosion, Lawinen, Muren etc.
Waldbesitzer: Verlust durch Waldschäden (u. U. weniger Niederschläge, Brände, Lawinen, Muren, Trockenheit).

Bauern: Verlust von Weideflächen bei Veränderung der Vegetation, u. U. weniger Einnahmen durch Touristen im Nebenerwerb.
Andere Bewohner: Lawinen, Muren, weniger Wintersportmöglichkeiten.

❸ Vorteile: ggf. durch Absinken der Baumgrenze mehr Wald

5. Schaden in Zahlen

❶ a) Die Tabelle liefert einen Überblick, in welchem Jahr wie viele Naturkatastrophen stattfanden, wie viele Tote es gab und wie hoch sich der versicherte bzw. nicht versicherte Schaden belief. Die Datenerfassung beginnt 1994. Die Jahre 1996–1999 sind nicht abgebildet. Besonders große Naturkatastrophen werden benannt.
b) In den Jahren 2003, 2004 und 2005 gab es besonders viele Tote. Auch die Schäden waren in diesem Zeitraum besonders hoch.
c) 2004: Tsunami: Anzahl der Toten; 2007: 950 Wetterextreme; 2005 hohe Schäden durch Erdbeben und Hurrikans.

d) Der Gesamtschaden liegt immer höher als der versicherte Schaden. Begründung: Viele Menschen haben kein Geld für Unwetter-Versicherungen.
e) Zur Information ihrer Aktionäre; um Kunden zu überzeugen, dass Versicherungen in Zeiten von Naturkatastrophen sinnvoll sind; um Prognosen und Trends zu erstellen und damit auch Leistungen und Prämien genauer berechnen zu können.

6. Tuvalu versinkt im Pazifik

❶ b)

Vietnam	Ü
Ägypten	D im Süden und Ü im Nildelta
Karibik	Ü
Amazonien	D
Nordafrika	D
Zentralafrika	D
Nordindien	D
Ostchina	D

Lösungen

Kapitel V: Klimaschutz – was können wir machen?

2. Die große Aktionskiste Klimaschutz

❶ **A. Internationale Ebene:** große internationale Aufforstungsprojekte, den ärmsten Staaten helfen, internationale Ziele aushandeln, internationale Forschungsprojekte finanzieren, Klimaschutz zum wichtigen Ziel erklären

B. Nationale Ebene: Steuererleichterungen für Niedrigenergiehäuser, Verbot von Autos mit schlechten Abgaswerten, Zuschüsse für Solaranlagen, Bäume pflanzen, Gebäude besser dämmen, internationale Klimaschutzziele in nationale Gesetze umsetzen, Fördergelder für erneuerbare Energie bereitstellen, Emissionen kontrollieren, Bestrafung von Umweltsündern, Straßenbäume pflanzen, Umweltschutz in der Schule unterrichten, veraltete Kohlekraftwerke schließen, in neue Technologien investieren,

C. Wirtschaft: neue Energiespartechniken entwickeln, Finanzierung Jobtickets, keine klimaschädlichen Rohstoffe verarbeiten, Klimaschutzprojekte durch Unternehmensgewinne, Bäume pflanzen, Gebäude besser dämmen, Aus- und Weiterbildung, Fahrzeuge mit weniger Treibstoffverbrauch entwickeln, keine klimaschädlichen Produkte verkaufen, Solarzellen installieren, energiesparend produzieren, veraltete Kohlekraftwerke schließen, aus Gewinnen Klimapreise finanzieren, in neue Technologien investieren

D. Kommune: Verbot von Autos mit schlechten Abgaswerten, Jobtickets, Informations- und Beratungsangebote im Rathaus, Bäume pflanzen, Gebäude besser dämmen, Bestrafung von Umweltsündern, Wertstoffhöfe, Solarzellen installieren, Straßenbäume pflanzen, Geld für ÖPNV (Öffentlicher Personennahverkehr)

E. Familie/ICH: klimafreundliche Produkte kaufen, Auto in Garage lassen, Bäume pflanzen, Gebäude besser dämmen, Stromfresser ausschalten, weniger Fleisch essen, im Wald nicht rauchen, nicht im Flugzeug in den Urlaub fliegen, sich informieren, einer Naturschutzorganisation beitreten, von meinem MdB (Mitglied des Bundestags/Abgeordneter) mehr Klimaschutz fordern, Solarzellen installieren, wassersparende Geräte kaufen, mehr heimische Lebensmittel essen, Haushaltsgeräte mit geringem Energieverbrauch kaufen, mit dem Rad zum Dienst fahren

3. Chinas „grüne Mauer"

❷ Lösungswort: R O D U N G E N

6. Energisch Energie sparen

❷ a) Mit Energieverbrauch sind die Kosten für Strom und Heizung gemeint.
b) CO_2-Ausstoß bedeutet die Emission von Kohlendioxid.
c) Erneuerbare Energien ist ein anderes Wort für regenerative Energien. Damit sind z. B. Sonnenenergie, Wasserkraft oder Erdwärme gemeint.
d) Energieeinsatz bedeutet Energieverbrauch.

7. Die Wirtschaft wirbt für das Weltklima

❶ und ❷

Energiewirtschaft: z. B. eon, RWE
Autobauer: z. B. Volkswagen oder Porsche
Lebensmittel: z. B. Nestle oder alternativ: alnatura oder Neuland
Kosmetik: Beiersdorf
Banken/Versicherungen: Münchener Rück, Allianz
Touristik: Deutsche Bahn AG, Deutsche Lufthansa AG, British Airways
Elektroindustrie: Siemens

Lösungen

9. Zu guter Letzt: Der mülltrennende Bulettenesser mit dem Sportwagen

Amerikaner	Kenianer	Inder	Japaner	Franzose
Salat	Tomaten	Buletten	Steaks	Schnitzel
verwendet Energiesparlampen	heizt mit seinem Kamin	hat eine Solaranlage auf dem Dach	trennt den Müll	mäht seinen Rasen elektrisch
Sportwagen	Jeep	Mini	Fahrrad	Limousine
grün	orange	blau	lila	gelb

Quellenverzeichnis und Leseempfehlungen

Verzeichnis der verwendeten Quellen und Leseempfehlungen.
Die zitierten Quellen sind mit einem * markiert.

Axel Bach et al. (2005): Kippt das Klima? Script zur WDR-Sendereihe „Quarks & Co." Auch als Download unter www.de/tv/quarks/global/pdf/Q_Klima.pdf

Lukas Bärfuss (2008)*: Hundert Tage. Wallstein Verlag. (Im Text S. 33)

Ulrich Berner et al. (Hrsg.) (2004): Klimafakten. Der Rückblick – ein Schlüssel für die Zukunft. Bundesanstalt für Geowissenschaften und Rohstoffe.

Bild der Wissenschaft (2007): Die Erde hat Fieber. Mut zur Nachhaltigkeit. Zu bestellen als Hörbuch und als Sonderdruck bei www.forum-fuer-verantwortung.de

Jürgen Bischoff (2007)*: Der große grüne Irrtum. Geokompakt Nr. 12. (Im Text S. 76)

Helen Bömelburg (2007): Eine Arche für die Welt. In: National Geographic Deutschland. 11/2007.

Bundesministerium für Bildung und Forschung (2003): Herausforderung Klimawandel. Berlin (Broschüre). Als Download unter www.bmbf.bund.de

Bundesministerium für wirtschaftliche Zusammenarbeit und Entwicklung (2002): Materialien Nr. 112: Klimaschutz – Aufgabe der deutschen Entwicklungszusammenarbeit. Bonn

Thomas Cook (2008)*: www.thomascook.de/service/klimaschutz/index.html (Im Text S. 83)

Paul J. Crutzen (Hrsg.) (1996): Atmosphäre, Klima, Umwelt. Heidelberg. Akademischer Verlag.

Jared Diamond (2006): Kollaps. Warum Gesellschaften überleben oder untergehen. Fischer Verlag Frankfurt am Main.

Brian Fagan (2001): Die Macht des Wetters. Wie das Klima die Geschichte verändert. Patmos.

Alexander von Humboldt (1970)*: 4 Briefe an seinen Bruder. Zitiert aus: Entdecker Forscher Weltenbummler. Abenteuer aus zwei Jahrtausenden. Buch und Zeit Verlagsgesellschaft mbH Köln. (Im Text S. 34/35)

Alexander von Humboldt (1989): Die Wiederentdeckung der Neuen Welt. Verlag der Nation Berlin. S. 148–149 (leicht gekürzt).

Frank J. Jochem (1999): Alles Wetter kommt vom Meer. Die See gibt uns das Klima und nimmt unser CO_2. In: MARE Nr. 11.

Ryszard Kapuściński (2007)*: Afrikanisches Fieber. Erfahrungen aus vierzig Jahren. Piper Verlag München. S. 28. (Im Text S. 32)

Ryszard Kapuściński (2007)*: Die Erde ist ein gewalttätiges Paradies. Reportagen, Essays, Interviews aus vierzig Jahren. Piper Verlag München. S. 263, 283. (Im Text S. 32/33)

Quellenverzeichnis und Leseempfehlungen

Roland Knauer (2008): Erderwärmung bringt Hungersnot. Klimawandel führt bis 2030 zu mehr Ernteausfällen in Afrika und Asien. In: Berliner Morgenpost vom 4. Februar 2008.

Peter Korneffel (2001)*: Der kälteste Spielplatz der Welt. Chile besiedelt die Antarktis mit Jungen und Mädchen. In: MARE, Nr. 26. (Im Text S. 34)

Märkische Allgemeine Zeitung vom 11.12.2007* (Im Text S. 81)

Verena Mayer (2007)*: Wollt ihr für die Straße heizen? FAZ vom 27.10.2007 (leicht adaptiert) (Im Text S. 63)

Walter Mayr (1997)*: Ein Fluss macht sich breit. In: Merian: Rund um Berlin. Hoffmann & Campe Verlag Hamburg. S. 49, 57 (stark gekürzt). (Im Text S. 35)

Wangari Maathai (2007):* Lasst uns Millionen Bäume pflanzen. In: Die ZEIT Wissen 2007/02) (Im Text S. 79)

Michael Miersch (2007): Die Klima-Hysterie. In: Focus, 25.05.2007.

Volker Mrasek (1999): Machen wir die Stürme selbst? In: MARE Nr. 11.

E.G. Nisbet (1994): Globale Umweltveränderungen. Ursachen, Folgen, Handlungsmöglichkeiten. Klima, Energie, Politik. Heidelberg.

Fred Pearce (2007)*: Das Wetter von Morgen. Wenn das Klima zur Bedrohung wird. Verlag Antje Kunstmann. (S. 154 ff, stark adaptiert) (Im Text S. 53)

Potsdamer Institut für Klimafolgenforschung (2007): Himmel und Erde. Von Pergamon nach Potsdam. Broschüre. Download unter: www.pik-potsdam.de

Stefan Rahmstorf (2004): Treibhaus Erde. Download unter www.pik-potsdam.de

Stefan Rahmstorf (2005): Dem Sturm begegnen. Klimawandel ist kein Schicksal. Wir können ihn erklären und begrenzen. Download unter www.pik-potsdam.de

Birgit Schätz (2006): Wassernot trug zum Untergang der Mayakultur bei. Download unter www.wissenschaft.de/wissenschaft/news/drucken/204002.html

Fidelius Schmid (2008): EU warnt vor politischen Krisen wegen Klimawandel. Financial Times Deutschland, 02.03.2008. Download http://www.ftd.de

Helmut Seitz (2001): Von der Mythologie zur Meteorologie. Die Geschichte der Wetterkunde im Abendland. Hörbild / Feature auf Bayern2Radio, gesendet am 25.11.2001. download unter www.met.fu-berlin.de/dmg/dmg_home/fagem/br_dieseunserewelt_251101.pdf

Nico Stehr und Hans von Storch (1999): Klima, Wetter, Mensch. C.H. Beck.

Hans von Storch und Nico Stehr (2007): Anpassung an den Klimawandel. In: Aus Politik und Zeitgeschichte (Beilage zur Wochenzeitung das Parlament) Nr. 47.

Shelley Tanaka (2006): Klimawandel. Gerstenberg Verlag.

Vereinte Nationen (2007): Least developed countries report. Download unter www.un.org

Cornelia Varwig (2007): Warum Hochkulturen untergehen oder aber überleben. Download unter www.wissenschaft.de/wissenschaft/hintergrund/drucken/275231.html

Ernst von Hesse Wartegg (1970)*: Schwimmende Stadt im Lande des weißen Elefanten. In: Entdecker Forscher Weltenbummler. Abenteuer aus zwei Jahrtausenden. Buch und Zeit Verlagsgesellschaft mbH Köln. S. 170 (gekürzt). (Im Text S. 34)

Holger Wolandt (1998): Inseln der Wärme. In: MARE Nr. 6.

Zeitschrift für Kulturaustausch (2008): Heiße Zeiten. Wie uns das Klima verändert. Institut für Auslandsbeziehungen. Stuttgart 2008 Nr. 2.

Quellenverzeichnis und Leseempfehlungen

Eine kleine Auswahl nützlicher Links:

www.asko-europa-stiftung.de

www.atmosphere.mpg.de

www.bne-portal.de UNESCO-Seite Bildung für Nachhaltige Entwicklung. Gibt auch Übersicht über Aktivitäten in einzelnen Bundesländern.

www.climatechange.eu.com Schülerleitfaden „Du kontrollierst den Klimawandel".

www.deutsches-museum.de/dmznt/klima/klimawandel/naturundklima/indikator

www.die-klima-allianz.de

www.duh.de Die Deutsche Umwelthilfe liefert u. a. Unterrichtsmaterialien als Download, z. B. zum Thema Elektrogeräte und ihr „Leben nach dem Tod" oder über „Virtuelles Wasser".

www.epa.gov/climatechange/kids/cc.html

www.europa.eu.int/comm/environment/climat/home_en.htm

www.forum-fuer-verantwortung.de

www.greenpeace.ch/fileadmin/user_download/Downloads/de/Klima/2007_FL_Erde_hat_Fieber.pdf Infos zur Kampagne „Die Erde hat Fieber"

www.hamburger-bildungsserver.de/klima/index.htm bietet eine Ausgezeichnet Auswahl von Materialien für Schulen.

www.Klimahaus-Bremerhaven.de Informationen rund um das Klimahaus Bremerhaven

www.klimaschuetzen.de laufend aktualisierte Seite des Umweltbundesamtes

www.konsumensch.net liefert u. a. Informationen, wie wir als Verbraucherinnen und Verbraucher zum Umwelt- und Klimaschutz beitragen können.

www.lbs.hh.schule/de/klima/klimawandel/ursachen/ursachen.html

www.lbs.hh.schule.de/klima/klimawandel/klimageschichte/geschichte2.html

www.nachhaltigkeit.aachener-stiftung.de Das Lexikon der Nachhaltigkeit gibt einen guten Überblick über umweltrelevante Aktivitäten von Wirtschaft und Politik.

www.reset.to Plattform mit vielen Infos über Nachhaltigkeitsprojekte

www.umweltbundesamt.de hält u. a. Unterrichtsmaterialien als Downloads parat.

www.verbraucherbildung.de liefert breites Spektrum an Ratgebern und Unterrichtsmaterialien.

www.waldwissen.net bietet Informationen zum Thema Waldwirtschaft und CO_2-Vermeidung

www.wmo.ch/pages/mediacentre/artgal/kids Site der Meteorologischen Organisation der Vereinten Nationen. Unter dem Link finden sich z. B. Darstellungen von Kindern zum Thema Klima und Wetter.

http://www.wwf.de/themen/klimaschutz/problem/auswirkungen/klimazeugen/ Der Klimawandel bekommt ein Gesicht: 15 Menschen aus aller Welt berichten, was sich in ihrem Leben geändert hat.

Neue Ideen für Ihren Unterricht!

Bergedorfer Lernstationen

Tim Heidemann
Stationenlernen Deutsch 5. Klasse
Gesprächsführung – Gegenstandsbeschreibung – Umgang mit Lektüretexten

Wie kann man Schüler für das Fach Deutsch begeistern, auch wenn die Inhalte manchmal etwas trocken und unbeliebt sind? Wie schafft man es, dass in leistungsheterogenen Gruppen alle gleichzeitig an einem Thema arbeiten? Die Antwort: mittels Stationenlernen im Deutschunterricht.
Es bietet mehrdimensionale Lernzugänge, binnendifferenzierte Aufgabenstellungen, Arbeit in unterschiedlichen Sozialformen mit einer stark produktionsorientierten Ausrichtung. So wird ein eigenverantwortliches, selbstgestaltetes und kooperatives Lernen im Deutschunterricht gefördert. Und das bringt auch noch Spaß und motiviert die Schüler!

▶ Buch, 80 Seiten, DIN A4
5. Klasse
Best.-Nr. 23504

So gelingt eigenverantwortliches Lernen in Ihrem Deutschunterricht in der 5. Klasse!

Grundwissen inklusiv

Cathrin Spellner, Marco Bettner, Erik Dinges
Bruchrechnung - Inklusionsmaterial

Inklusiver Mathematikunterricht ist möglich! Die Kopiervorlagen mit Übungen in diesem Band helfen Ihnen, ergänzend zum Schulbuch die mathematische Kompetenz aller Ihrer Schüler in der Bruchrechnung zu verbessern. Das übersichtlich strukturierte Material, das mit ansteigendem Schwierigkeitsgrad die Fertigkeiten beim Rechnen mit Brüchen vertieft und festigt, lässt sich sofort einsetzen und ermöglicht das selbstständige Erarbeiten und Wiederholen.
Für Ihre Schüler mit sonderpädagogischem Förderbedarf stehen zudem Arbeitsblätter bereit, die die Inhalte äußerst kleinschrittig und anschaulich vermitteln.

▶ Buch, 130 Seiten, DIN A4, inkl. CD
5. und 6. Klasse
Best.-Nr. 23358

Vom Schüler mit besonderem Förderbedarf bis zum leistungsstarken Schüler: Mit diesen Materialien zur Bruchrechnung erlangen alle Schüler mathematisches Grundwissen!

Gisela Küfner
Wortschatz und Grammatik spielerisch üben
32 Spiele für den Englischunterricht

Eigentlich sollten alle Schüler die wichtigsten Grammatikregeln und den Grundwortschatz der englischen Sprache beherrschen. Doch vielen Schülern fällt es schwer, Regeln und Vokabeln zu erlernen und langfristig zu behalten. Frustration und Motivationsverlust sind oft die Folge. Diese Schüler gilt es, gezielt zu fördern. Ob Quartett, Bingo, Brettspiel oder Quiz: Zu vielen wichtigen Grammatikthemen und Wortfeldern bietet Ihnen dieser Band abwechslungsreiches Lernmaterial, mit dem Ihre Schüler auf spielerische Art und Weise Grundkenntnisse aufbauen und vertiefen können. Das Material umfasst 32 Lernspiele in vier Schwierigkeitsstufen zur Schulung der Grammatikkenntnisse und des Wortschatzes.

▶ Buch, 48 Seiten, DIN A4, inkl. CD
5. bis 10. Klasse
Best.-Nr. 23452

Üben, wiederholen, festigen – für alle Klassenstufen immer das passende Spiel zur Hand!

Bergedorfer Führerscheine Sekundarstufe

Ursula Oppolzer
Führerschein: Gesunde Ernährung
Grundwissen-Training in drei Differenzierungsstufen

Pommes und Burger sind bei Jugendlichen sehr beliebt, aber leider nicht wirklich gesund. Umso wichtiger ist es, Grundwissen über Ernährung so für Ihre Schüler aufzubereiten, dass diese sich mit Spaß und Begeisterung mit den Inhaltsstoffen von Lebensmitteln und ihrer Bedeutung für die Gesundheit auseinandersetzen.
Mit diesem Unterrichtsmaterial in drei Differenzierungsstufen erwerben Ihre Schüler umfangreiches Grundwissen im Fach Biologie. Nach einem kleinen Test erhalten sie am Ende ihren „Ernährungs-Führerschein" in Klasse A, B oder C. Alle Arbeitsblätter, Lösungen, Tests und Zertifikate gibt es zusätzlich auf CD im editierbaren Word-Format.

▶ Buch, 86 Seiten, DIN A4, inkl. CD
5. bis 7. Klasse
Best.-Nr. 23412

Das motivierende Übungsmaterial zum Thema Gesunde Ernährung – mit Belohnungsfaktor!

Unser Bestellservice:
Das komplette Verlagsprogramm finden Sie in unserem Online-Shop unter
www.persen.de
Bei Fragen hilft Ihnen unser Kundenservice gern weiter.
Deutschland: ☎ 040/32 50 83-040 · Schweiz: ☎ 050/366 53 54 · Österreich: ☎ 0 72 30/2 00 11